Sabine Gehlen

Luise im Glück

Expeditionen zu den Schätzen des Lebens

©2013 Sabine Gehlen

Herstellung und Verlag:

BOD - Books on Demand, Norderstedt

ISBN: 978-3-7322-4862-9

Alle Rechte liegen bei der Autorin

Sabine Gehlen

Luise im Glück

Expeditionen zu den Schätzen des Lebens

Inhaltsverzeichnis

Einleitung	6
Expedition I: Erde Schatzentdeckung: irdische Welt	10
Expedition II: Natur Schatzentdeckung: Zeit, Efeu, Birke	16
Expedition III: Innerer Kompass Schatzentdeckung: Stechpalme	25
Schatzparty Schatzentdeckung: Innenleben	30
Expedition IV: Freiheit Schatzentdeckung: Lebensplan	38
Expedition V: Lebensrezepte Schatzentdeckung: Bitteres und Süßes	47
Expedition VI: Schriftstellerei Schatzentdeckung: Buche	54
Expedition VII: Blickwinkel Schatzentdeckung: Ende und Anfang	60
Expedition VIII: Liebesbaum Schatzentdeckung: Linde	67
Expedition IX: Herzenslicht Schatzentdeckung: Johanniskraut	76

Expedition X: Schönheit Schatzentdeckung: Selbstakzeptanz	85
Expedition XI: Entfaltung Schatzentdeckung: Gesunder Egoismus	91
Expedition XII: Lebensrouten Schatzentdeckung: Navigationsgerät	96
Expedition XIII: Entspannung Schatzentdeckung: Baldrian	102
Expedition XIV: Akzeptanz Schatzentdeckung: Seelenfrieden	106
Expedition XV: Potenziale Schatzentdeckung: Eberesche	115
Nachwort	124
Anhang I: Seelentankstelle	126
Anhang II: Wortschatz	128

Anmerkung der Autorin:

Luise hat im Anhang auch noch einen Schatz deponiert. Es handelt sich um einen Wortschatz.

Wichtige Namen und Begriffe hat sie dort zum leichteren Verständnis in alphabetischer Reihenfolge aufgelistet.

Einleitung

Luise? Wer um Himmels Willen ist Luise? Muss man die kennen? Ja, muss man! Oder besser gesagt: Es lohnt sich, Luise kennen zu lernen, denn: Luise ist ein funkelnder Megastar!

Es gibt zwei Sorten von Megastars. Die eine Sorte liebt den Glamour und inszeniert sich jeden Tag selbst mit Volldampf aufs Neue, um sich im Licht der Anerkennung zu sonnen. Diese Sorte Megastar ist sehr stark nach Außen orientiert und kann nur durch die Reflektion ihrer sich im Außen befindlichen Fans leuchten. Die zweite Sorte, und dazu muss man Luise eindeutig zählen, also diese zweite Sorte macht das genaue Gegenteil: sie bringt ohne äußere Einflüsse ihr Inneres zum Leuchten. Megastars dieser Kategorie wirken vornehmlich im Stillen, doch hinterlassen sie auf ihren Wegen immer ein recht prägnantes, hell klingendes Echo.

Die Suche nach der Quelle dieses Echos ist das eigentliche Abenteuer. Die Quelle ist in aller Munde. Manchmal scheint sie zum Greifen nah, ein anderes Mal wiederum scheint sie Lichtjahre entfernt zu sein. Die Quelle hat eine höchst magische Eigenschaft: Sie besteht aus reiner Liebe, und: sie versiegt nie! Sie ist umgeben von ewigem Licht. Die Quelle ist das Ziel unzähliger Forschungsreisen. Sie ist der wertvollste

Schatz, der von Schatzsuchern aus aller Welt entdeckt werden kann.

Luise gehört zu den Megastars in der Schatzsucherszene. Und weil Luise ein reines Herz hat und wirklich nett ist, teilt sie nur zu gerne ihre Schätze mit jedem, der möchte.

Bei der freimütigen Aufteilung ihres ersten großen Schatzes hat Luise eine höchst interessante, fast paradox klingende Entdeckung gemacht: Je mehr man abgibt, desto mehr erhält man zurück. Und: Je mehr man erhält, desto mehr „erhellt" man. Aha, daher kommt also dieses hell klingende Echo …

Luise hat ein Erfolgsrezept: Bevor sie sich auf eine neue Expedition begibt, nimmt sie eine Prise Hi ein. Hi gibt es überall, zu jeder Zeit und für jedermann gratis. Hi zeichnet sich durch seine extrem gute Bekömmlichkeit aus. Hi steht für Himmelsinspiration. Jeder kann davon nehmen, so oft er will. Jeder! Hi gibt es an jedem Ort, an dem man einen Atemzug lang Ruhe findet. Keine unnötigen Wartezeiten, geliefert wird unverzüglich nach Eingang der Bestellung. Bei großen Bestellungen muss man mit Teillieferungen rechnen. Die Sendungstermine und Zustellungszeiten dieser Pakete unterliegen einem perfekt inszenierten, himmlischen Zeitplan.

Hi gibt es in verschiedenen Stärken und Mischungen, die Zutaten und Mengenverhältnisse variieren. Die Inhaltsstoffe können aus Mut und Vertrauen bestehen, aus Vergebung, aus Erkenntnis, aus Gnade, aus Stärke und aus vielem mehr. Welche Essenzen gemischt werden, das hängt vom jeweils anvisierten Expeditionsziel ab.

Nur der Trägerstoff für alle Hi Mischungen ist immer gleich: Es ist das genuine Hochkonzentrat reiner Liebe.

Man muss sich nicht den Kopf darüber zerbrechen, welche Mischung für eine anstehende Forschungsreise die effektivste ist, es genügt vollkommen, einfach eine Bestellung aufzugeben. Der himmlische Versand wird dann automatisch *die* Zusammenstellung auswählen, die zur Erreichung des Reiseziels benötigt wird.

Luise liebt es, Expeditionen zu unternehmen. Sie ist durch und durch eine leidenschaftliche Entdeckerin. Ihre Forschungsergebnisse notiert sie gewissenhaft in ihrem Reisetagebuch, welches sie sinnigerweise „Der Weg ist das Ziel" betitelt hat. Das Tagebuch hat schon einen beträchtlichen Umfang. Viele ihrer ganz persönlichen Weisheitsgeschichten hat sie bereits niedergeschrieben, manches Mal akribisch genau, andere Male wiederum hat sie sich nur kurze Stichworte notiert, oder ihre Gefühle in kleinen, poetischen Versen niedergeschrieben. Mit Hilfe ihrer Reiseberichte kann sie in den Zeiten, in denen sie nicht auf Entdeckungstour ist, nachlesen, welche Schätze sie bereits gefunden und für sich erschlossen hat.

Wie gesagt, Luise ist sehr freigebig. Sie liebt es, ihre Schätze mit anderen zu teilen und Erfahrungen mit anderen Reisenden auszutauschen. Sie liebt es, über Hi zu sprechen und über die vielen Möglichkeiten, die sich für jedermann durch die Einnahme von Hi eröffnen.

Luise hat sich dazu entschlossen, ihre Notizen und Aufzeichnungen zu publizieren. Sie möchte eine Art

Reiseführer schreiben für alle diejenigen, die sich bereits auf Schatzsuche befinden oder demnächst begeben wollen. Obwohl Luise eindeutig zu den Megastars in der Schatzsucherszene gehört, steht sie selbst nicht gerne im Mittelpunkt. Am wohlsten fühlt sie sich, wenn sie ganz sanft und leise aus dem Hintergrund heraus agieren kann. Aus diesem Grunde hat sie sich dazu entschlossen, ihre persönlichen Reiseaufzeichnungen nicht in Ichform zu schreiben, sondern in Form der dritten Person. Auf diese Weise kann sie besser im Hintergrund bleiben, und die Expeditionen, also das, worum es jedem Forscher vorrangig geht, rücken in den Vordergrund. Vielleicht, so hofft sie, können ihre Reisenotizen dem einen oder anderen auf seiner Forschungsreise hilfreiche Hinweise geben oder einfach ein Stück Kraft und Rückhalt bei der Bewältigung von Hindernissen, die jeden Schatzsucher auf seinen Expeditionen früher oder später unweigerlich einholen werden.

Wie verfasst man einen guten Reisebericht? Luise bestellt sich Kraft ihrer Gedanken eine Großpackung Himmelsinspiration und wartet ungeduldig auf die Sendung. Und dann ist sie endlich da, die ersehnte Lieferung. Neugierig öffnet Luise das Paket, und findet: den Titel für ihren Reiseführer! Sie nimmt Papier und Stift zur Hand und notiert in großen Lettern:

Luise im Glück

Expeditionen zu den Schätzen des Lebens

Expedition I
Erde

Gesellschaftstreffen auf Wolke Sieben. Luise beeilt sich, um noch einen guten Platz zu ergattern. Die vorderen Reihen sind immer sehr begehrt, denn von dort aus bekommt man am meisten mit. Es hat sich bewährt, die Gesellschaftstreffen in die frühen Morgenstunden zwischen drei und fünf Uhr zu legen, dafür gibt es mehrere Gründe. Zum einen ist es eine attraktive Ankunftszeit für alle, die sich auf dem Rückweg von der Erde in den Himmel befinden, zum anderen können zu dieser Zeit auch die Tagesschutzengel noch problemlos an den Treffen teilnehmen, da die meisten von ihnen ihre Arbeit erst kurz vor sechs Uhr aufnehmen.

Luise ist aufgeregt. Welche Geschichten wohl heute wieder erzählt werden würden? Natürlich hat sie schon eine Vorstellung von der Erde – alle Reiserückkehrer erzählen schließlich in den schillerndsten Farben von diesem Planeten – aber kein Bericht gleicht dem anderen, jede Schilderung zeigte die Erde in einem anderen Licht. Luise fragt sich, wie ein und derselbe Planet so viele verschiedene Seiten haben kann!

Etwas Sorge bereiten ihr die neuesten Berichte, aus denen zweifelsfrei hervorgeht, dass die Qualität der Erde unter der nachlässigen Behandlung mancher Einwohner bereits Spuren der Veränderung zeigt. Wenn sie die ganze Fülle der Erde in ihren schönsten Farben noch erleben will, dann muss sie sich recht bald auf die Reise begeben, bevor noch mehr von der Erde zerstört werden würde.

Eigentlich ist sie schon seit einer Weile reisefertig. Sie weiß aus den Geschichten und Erfahrungsberichten der anderen, dass eine Expedition zur Erde nicht ganz ungefährlich ist, und sie ist sich auch völlig darüber im Klaren, dass sie sowohl für die Dauer ihres Aufenthaltes, als auch für die Hin- und Rückreise viel Kraft brauchen wird. Doch das hält sie nicht wirklich ab von der Reise.

Nein, der Grund für ihr Zögern ist ganz anderer Natur: Luise liebt die Einheit! Mit jedem und allem in Liebe verbunden zu sein, das ist einfach himmlisch, und die Einheit in dieser extrem hohen und gleichzeitig auf ewig beständigen Schwingungsqualität gibt es eben bisher nur hier oben im Himmel. Sobald man sich auf die Erde begibt, muss man sich unweigerlich dem Gesetz der Polarität beugen. Das geht nun einmal nicht anders: Um Erfahrungen zu machen braucht man mindestens zwei Pole. Will man zum Beispiel herausbekommen, wie sich das Gefühl *gut* anfühlt, dann muss man in irgendeiner Situation auch die Emotion *schlecht* erfahren, denn ohne die Kenntnis des Gegenpols ist es nicht möglich, *gut* als *gut* und *schlecht* als *schlecht* zu erkennen.

Aus den vorliegenden Reiseberichten der anderen wird unmissverständlich klar, dass man das Gefühl der Einheit im Herzen zwar ohne weiteres auf die Reise zur Erde mitnehmen kann, doch im Trubel eines Erdenlebens kann es leicht passieren, dass das Gefühl der Einheit verloren geht. Trotz der damit verbundenen Mühen soll die Einheit jedoch immer wieder aufs Neue gesucht werden. Natürlich gibt es auch auf der Erde jede Menge Gelegenheiten, die vollkommene Einheit, zumindest zeitweise, zu erleben, aber oft ist es ein schwieriges Unterfangen, welches viel Mut und Ausdauer verlangt, und vor allem: Urvertrauen.

Urvertrauen ist eine der Direktleitungen zur himmlischen Quelle. Im Notfall kann man zu jeder Zeit dort anrufen und eine Portion Soforthilfe bestellen. Die Hotline ist Tag und Nacht für eingehende Anrufe freigeschaltet. Notfallengel sind jederzeit einsatzbereit, sie müssen aber ausdrücklich angefordert werden, denn sie mischen sich niemals in Lebenssituationen ein, ohne zuvor dazu explizit aufgefordert worden zu sein. Der Bestellvorgang ist formlos und denkbar einfach: Ein kurzes Stoßgebet genügt, und schon ist rettende Hilfe unterwegs.

Eine kleine Schwierigkeit scheint es dennoch zu geben, wenn man den Erfahrungsberichten Glauben schenken will. Es wird zwar in jedem Fall unverzüglich nach Eingang der Bestellung Hilfe geschickt, aber, und das scheint ein echter Schwachpunkt zu sein: als Mensch erkennt man sie oft nicht direkt. Manchmal nimmt man sie erst im Nachhinein wahr, manchmal sogar erst, wenn man wieder zurück auf Wolke Sieben ist. In Härtefällen kann es sogar vorkommen, dass man als Mensch denkt, die da oben hätten einen gänzlich vergessen.

Für diese Fälle ist ein extra Callcenter gegründet worden, welches Beschwerden aller Art entgegennimmt. Die Mitarbeiter im himmlischen Callcenter müssen sich so einiges anhören, aber, spätestens wenn die Reisenden von der Erde aus wieder wohlbehalten auf Wolke Sieben zurückgekehrt sind, wird bei Erfahrungsaustauschtreffen über so manche Geschichte gemeinsam herzhaft gelacht. Es scheint eine nicht zu umgehende Begleiterscheinung zu sein, dass man sich als Reisender auf der Erde viele seiner himmlischen Qualitäten neu erarbeiten muss, aber: dafür tritt man die Reise ja schließlich an, um diese Qualitäten nicht nur zu besitzen, sondern noch einmal so richtig hautnah zu erLEBEN. Schade nur, dass man das während der einzelnen Exkursionen so häufig vergisst!

Wie dem auch sei, Luise ist fest entschlossen, die Reise zur Erde zu wagen, sie ist einfach zu neugierig darauf, wie sich bestimmte Erfahrungen *anfühlen*. Sie möchte vieles erforschen, also wird sie als Forscherin reisen. Sie will jede Menge Expeditionen unternehmen, sie will die Menschen und die Natur in all ihren Qualitäten und Polaritäten kennen lernen, sie will die Schätze des Erdenlebens entdecken. Ja: Luise will Schatzsucherin sein! Und, unbescheiden wie sie nun einmal ist, entschließt sie sich beherzt dazu, ein Megastar in der Schatzsucherszene zu werden - wenn schon, denn schon!

Als allererstes muss sie ein gutes Basiscamp ausfindig machen, von welchem aus sie ihre Forschungsreisen bestmöglich planen und durchführen kann. Jetzt, wo die Expedition Erde wirklich konkret für sie wird, ist Luise doch ein wenig ängstlich. Doch gerade dann, als sie droht, wankelmütig zu werden, gerade dann entdeckt sie auf der Erde das perfekte Basiscamp für ihre Zwecke: eine glückliche Familie. Ja, ganz genau hier wird Luise ihre Basisstation aufbauen. Hier stehen ihr alle Möglichkeiten offen, um sich zu entwickeln und ihre Forschungsreisen gut vorzubereiten. Das Camp wird von zwei ganz besonderen Charakteren, die auf die Bezeichnung *Eltern* hören, liebevoll und überaus kompetent geleitet. Und das Allerbeste: Susanne und Maria, Luises engste Seelenschwestern, haben in genau diesem Camp bereits Quartier bezogen. Das ist einfach perfekt!

Jetzt ist Luise nicht mehr zu halten. Ganz ohne Gepäck macht sie sich auf zu ihrem vielleicht größten Abenteuer: sie wird die Erde und ihre Bewohner in all ihrer Vielfalt entdecken. Sie wird mit Haut und Haar selbst ein Teil dieser einzigartigen Lebendigkeit werden, denn nur durch den unmittelbaren Kontakt zu Mensch und Erde hat sie die Möglichkeit, verborgene Schätze aufzuspüren. Und dass die Erde und die Menschen in ihrer Einzigartigkeit voller Schätze stecken, das hat sie ja bereits von Wolke Sieben aus in aller Seelenruhe beobachten können.

Die Ankunft auf der Erde ist etwas schmerzhaft. Irgendwie scheint das Klima hier unten viel rauer zu sein als oben auf Wolke Sieben. Luise muss sich erst an die Temperaturunterschiede gewöhnen, und an das oft hektische Tempo, die hohe Lautstärke und die schwankenden Lichtverhältnisse. Am meisten vermisst sie es, dass sie sich hier nicht mehr – wie gewohnt – Kraft ihrer Gedanken fortbewegen kann. Alles muss sie neu lernen, selbst das Laufen! Aber: Sie wird es meistern, sie ist guter Dinge! Schließlich sind gute körperliche und geistige Beweglichkeit überaus wichtige

Grundvoraussetzungen für alle Schatzsucher, die als funkelnde Megastars in der Schatzsucherszene glänzen wollen. Und eins ist jetzt schon sonnenklar: Luise *will* erfolgreich sein!

Neugierig fragt sie sich, welchen Schatz sie wohl zuerst entdecken wird. Natürlich hat sie im Camp schon unzählige Schätze erhalten, die meisten davon musste sie nicht einmal suchen, sie wurden ihr einfach so geschenkt – aus Liebe in Liebe. Doch Luise weiß, dass es außerhalb des schützenden Camps noch Vieles zu entdecken gibt. Sie muss los, je eher sie losgeht, desto mehr Zeit steht ihr für jede einzelne Expedition zur Verfügung. Und: Je mehr Zeit sie hat, desto größer ist ihre Chance, viele verborgene Schätze zu entdecken.

Um sich überhaupt erst einmal zurechtzufinden, beschließt sie, ihre erste Forschungsreise in die Natur zu machen. In der Natur gibt es jede Menge Wunder. Allein schon die Bäume halten haufenweise Schätze für die Menschen bereit, man muss sich nur ein wenig Zeit nehmen, um ihnen zuzuhören …

Expedition II
Natur

„Da bist du ja endlich!" Luise schaut sich irritiert um: keine Menschenseele in Sicht. Sollte sie etwa schon Halluzinationen haben? „Herzlich Willkommen" wispert es leise. Die Stimme klingt freundlich, sanft, einladend. Wer spricht denn da bloß?

Luise ist müde. Viel zu lange schon ist sie bei Wind und Wetter in dieser Kälte unterwegs. Im Basiscamp hatte man sie davor gewarnt, ihre Expedition ausgerechnet im Winter zu starten, aber Luise ist wieder einmal unbelehrbar gewesen. Sie will keine wertvolle Zeit verlieren, ihr Zeitkontingent auf der Erde ist schließlich begrenzt, und kein Mensch kann ihr sagen, wann es aufgebraucht sein wird. Zeit ist ein kostbarer Schatz, das hat Luise schon begriffen. Und: Zeit lässt sich niemals festhalten. Selbst in den Momenten, wo es sich so anfühlt, als würde die Zeit einfach stehen bleiben – sie läuft unaufhaltsam weiter.

Es ist wirklich seltsam mit der Zeit: Manchmal, wenn man z.B. auf etwas Schönes wartet, dann scheint sie so gar nicht zu vergehen. Ein anderes Mal wiederum, z.B. wenn man etwas ganz Wundervolles erlebt, dann vergeht sie wie im Fluge. Tja, der Umgang mit der Zeit ist wirklich nicht einfach. Und prompt tappt Luise in eine raffinierte und gefährliche Zeitfalle.

Die Zeitfalle lockt mit der Illusion, dass man, um bloß nichts im Leben zu verpassen, ganz viele Aktivitäten in die zur Verfügung stehende Zeit hineinpacken kann. Man soll sich einen dicken Terminkalender anschaffen, und dort so viele Termine und Aktivitäten hineinschreiben, wie es eben geht. Die Zeiten, die noch nicht verplant sind, lassen sich auf diese Weise mühelos erkennen und unverzüglich mit weiteren Aktivitäten füllen. Wenn alle anstehenden Termine eingehalten werden und der Mensch sich mehr und mehr im Außen verliert, dann bekommt er die *Burn-out Medaille* verliehen. Leider geht die Verleihung dieser Medaille immer mit einer totalen körperlichen und geistigen Erschöpfung einher, so dass man sich nicht wirklich über die verliehene Auszeichnung freuen kann.

Luise wirft einen Blick in ihren Terminkalender. Mit einiger Sorge entdeckt sie, dass auch bei ihr in Kürze ein Vorgespräch ansteht zur geplanten Medaillenübergabe. Eigentlich will sie die Medaille gar nicht haben. Nein, diese Auszeichnung will sie ganz bestimmt NICHT entgegennehmen. Nur, wie kann sie ihr entkommen? Vielleicht sollte Luise zu allererst einmal den Termin für das Vorgespräch absagen, das würde ihr etwas Zeit geben für neue Überlegungen. Gedacht – getan. Luise sagt ab. Sie genießt die Zeit, die sie durch die Terminabsage für sich selbst gewonnen hat. „Herrlich", denkt sie voller Genuss, „endlich ein bisschen Zeit ganz für mich allein!"

Sie möchte mehr davon! Also sagt sie noch ein paar andere Termine ab – und atmet mehr und mehr auf. Sie erkennt, dass in der nicht verplanten Zeit ganz viel mit ihr geschieht: sie kann ausruhen, Kraft schöpfen, ihre Seele baumeln lassen. Und: seitdem sie öfter mit sich zu Hause ist, kann sie auch wieder viel mehr Hi Pakete persönlich entgegennehmen. Das letzte Paket Himmelsinspiration hat sie aus lauter Zeitmangel noch gar nicht öffnen können. Nun aber reißt sie voller Vorfreude das Päckchen auf. Es enthält ein sorgfältig zusammengerolltes Papier. Neugierig entrollt Luise ein metergroßes, mittelblaues Plakat mit ein paar vereinzelten weißen Wölkchen. Unter dem Bild steht in dunkelblauem Großdruck der Spruch:

SEI BEREIT – GÖNN' DIR ZEIT

Luise muss schmunzeln: die da oben erinnern einen eben immer zur rechten Zeit daran, worauf es ankommt! Jetzt endlich nimmt sie sich guten Gewissens Zeit und plant in aller Ruhe ihre erste Expedition in die Natur. Sicher, die Jahreszeit ist nicht gerade ideal für eine Forschungsreise in diesen Breitengraden. Das neue Jahr hat gerade erst begonnen, die Felder sind schneeweiß, der Wind ist kalt und die Temperatur um den Gefrierpunkt. Morgens wird es erst ganz spät hell, abends wird es dafür umso früher dunkel. Die Natur scheint einen Winterschlaf zu halten. Die meisten Bäume sind kahl und haben sich in sich selbst zurückgezogen. Es gibt wenig Grün zu sehen, kaum etwas steht zu dieser Jahreszeit in Blüte.

Die Natur ist weise. Die Blumen, die Sträucher, die Bäume – alle ziehen sich in sich selbst zurück, um Kraft zu sammeln für das kommende Frühjahr. Alle? Nein, nicht alle! Luise entdeckt ein eigenwilliges Gewächs, welches gerade jetzt Früchte trägt, wenn alle anderen Pflanzen schlafen. Die Blätter haben verschiedene Grünfärbungen, die unteren Blätter sind tief dunkelgrün, die oberen eher hellgrün. Noch etwas fällt bei der Pflanze auf: die Form der Blätter ist unterschiedlich. Im unteren Bereich sind die Blätter ganz spitz, fünf Spitzen zählt Luise, die Blätter erinnern ein ganz klein wenig an eigenwillig aus der Form geratene Sterne. Je höher man schaut, desto runder werden sie, ja, weiter oben sehen sie sogar fast eiförmig aus. Die Früchte sehen wunderschön aus: wie kleine, dunkle, kostbare Perlen. Neugierig lässt sich Luise an dieser Pflanze nieder, um in aller Stille der Pflanzenbotschaft zu lauschen. Ganz ihrem Naturell entsprechend lässt sich die Pflanze jede Menge Zeit, bevor sie Kontakt zu Luise aufnimmt. Doch dann stellt sie sich endlich vor. „Hallo" flüstert sie ganz leise „Mein Name ist Efeu."

Luise ist entzückt. Efeu - was für ein schöner Name. Efeu, was ist deine Botschaft?

Wieder dauert es eine kleine Ewigkeit, bis das Efeu zu einer Antwort ansetzt. Diese Unentschlossenheit ist typisch für diese Pflanze – es dauert ewig, bis sie sich entschließt, an einem Baum hochzuwachsen. Und selbst wenn sie ihren Entschluss endlich in die Tat umsetzt, dann dauert es eine weitere Ewigkeit, bis sie oben ankommt. Sie nimmt sich Zeit. Jeder Schritt will gut überlegt und sicher vollzogen sein. Denn jeder Schritt ist eine wohl gereifte Bewegung aus dem Schatten der Dunkelheit hinauf in Richtung Licht. Am Anfang klammert sie sich mit ihren vielen kleinen

Füßchen noch ganz fest. Im Dunklen muss man vorsichtig sein! Im Laufe ihres Heranwachsens stehen ihr jede Menge Kämpfe bevor, deshalb hat sie ihre Blätter spitz geformt. Doch je älter sie wird, und je höher sie Richtung Himmel wächst, desto weicher und runder werden ihre Blätter. Statt sich ihr Fortkommen weiter mit harten Lanzen zu erkämpfen, kann sie sich nun mit größerer Gelassenheit dem Licht zuwenden und sanft von Zuversicht und Liebe leiten lassen. Und wenn sie nach Jahren des Kletterns und des Wachsens endlich oben angekommen ist, dann bildet sie genau dort die schönsten Früchte - Perlen der Erkenntnis.

Luise ist begeistert. Was für eine Pflanze, die aus der Dunkelheit des Schattens, zwar langsam, aber unaufhaltsam ins Licht der Erkenntnis hineinwächst. Eigentlich, so denkt sich Luise, also eigentlich machen wir als Menschen auch diese Entwicklung durch: aus dem Schatten ins Licht!

Ein sanfter Windstoß lässt die oberen Efeublätter rascheln. „Ja" wispert die Pflanze nun leise „ich bin Entwicklungshelferin. Ich stehe allen hilfreich zur Seite, die sich in Wachstums- und Wandlungsprozessen befinden. Meine Botschaft ist: *Überwinde die Angst, werde selbstständig, werde erwachsen, werde frei für deinen ganz eigenen Weg.*"

In diesem Moment löst sich durch den Wind eine reife Efeufrucht, und eine dicke Perle der Erkenntnis fällt Luise mitten auf den Kopf!

Wenn das mal nicht ein großer Schatz ist! Luise sammelt ein paar Blätter ein, daraus kann sie sich wunderbare Tinkturen herstellen gegen Husten und Bronchitis und viele andere Dinge mehr. Sie nimmt auch noch einen Sack dicker, reifer Früchte mit – für ihre nächste Schatzparty. Sie freut sich schon auf die Gesichter ihrer Partygäste beim Anblick der Erkenntnisperlen. Vielleicht ließen sich ja in einem Gemeinschaftsspiel wunderschöne Perlenketten daraus knüpfen?

Luise liebt Schatzpartys, nach jeder Expedition lädt sie dazu ein. Das spannende ist: sie weiß vorher nie, wer kommt, und sie weiß vorher nie, wie viele Gäste teilnehmen werden. Manchmal sind es ganz kleine Partys – klein, aber: oho! Ein anderes Mal wiederum scheint der Raum vor lauter Partygästen aus allen Nähten zu platzen. Das Prinzip der Schatzpartys ist genial: Jeder Gast bringt eine Kleinigkeit aus seinem eigenen Erfahrungsschatz mit und tauscht diese gegen eine andere Kostbarkeit, die ihm gefällt. Es gibt keine Mengenbeschränkungen, jeder kann so viel geben oder nehmen, wie er gerade mag. Herrlich ist das! Und spannend! Und für alle *so* bereichernd!

Luise macht sich auf den Weg zurück zum Basiscamp. Sie ist glücklich über die erworbenen Schätze, aber auch ein wenig erschöpft. Der Winterwind ist immer noch kalt und die Schätze haben ein ziemliches Gewicht … Ihre Kraft lässt mehr und mehr nach, sie muss sich eine kleine Verschnaufpause gönnen. Im Wald entdeckt sie einen einladend wirkenden Platz in der Mitte von drei hellen Baumstämmen, die aus ein und derselben Wurzel sprießen und durch diesen engen Verbund im Zentrum einen perfekten Sitzplatz bilden. Ah, endlich ausruhen … das tut gut. Ganz still ist es im Wald, und dann, auf einmal diese freundliche, sanfte, einladende Stimme, die ihr leise ins Ohr flüstert: „Da bist du ja endlich!" und „Herzlich Willkommen."

Wer spricht denn da bloß? Ratlos schaut sich Luise um. Sie kann niemanden entdecken, nein, auf ihrem Rastplatz ist sie ganz allein. „Hier bin ich" flüstert es wieder, dieses Mal ein wenig eindringlicher. Luise ist verwirrt. Sie kuschelt sich noch ein wenig tiefer in ihren Rastplatz ein und ist froh über den Schutz, den die dicken Stämme ihr bieten. Jetzt wird die Stimme lauter. „Vorsicht! Wenn du noch weiter so drückst, dann brichst du mir gleich den untersten Ast ab!"

Oh! Sollte etwa der Baum zu ihr gesprochen haben? Können Bäume denn reden? „Natürlich können wir sprechen", sagt die Birke ein wenig beleidigt, „die Menschen nehmen sich nur viel zu wenig Zeit, um uns zuzuhören."

Wieder einmal ist Luise heilfroh darüber, dass sie der Verleihung der *Burn-out Medaille* entkommen ist. Terminfasten ist wirklich eine geniale Idee, findet sie, denn je öfter sie auf Termine verzichtet, desto mehr Zeit steht ihr, wie zum Beispiel jetzt, zum *Birkenlauschen* zur Verfügung. „Na dann lass' mal hören" sagt sie kess, und kuschelt sich, dieses Mal ganz vorsichtig, noch ein wenig tiefer in den Schoß der Birke hinein.

Stille! Nichts als Stille. Luise entschließt sich dazu, die Wartezeit mit einem kleinen Nickerchen zu versüßen, aber irgendwie ist sie jetzt gar nicht mehr so müde. Komisch, eben noch war sie doch so erschöpft gewesen! Jetzt fühlt sich alles viel frischer an, der erschöpfte Körper, die verspannten Muskeln, die müden Glieder - alles ist wieder voller Spannkraft und Schwung. Luise fühlt sich so frisch und entspannt wie nach einem ausgiebigen Mittagsschlaf. Schwungvoll steht sie auf und beginnt ausgelassen vor sich hin zu tanzen.

„Na endlich" hört sie die Birke glücklich lachen „ich dachte schon, du würdest mir gar nicht zuhören."

Natürlich! Die Birke lädt ein zum Tanz. Bestehen die bunt geschmückten Bäume zum ersten Mai nicht auch aus weißen Birkenstämmen? „Ich gehöre zur Gruppe der Frühjahrswecker" erklärte die Birke strahlend weiter, „wenn ich erwache befinden sich die meisten noch im Winterschlaf. Aber ich fühle schon die Kraft des Frühjahrs in mir, und mit dieser Kraft rüttle ich alle anderen wach. Ich bringe Licht und Spannkraft für neue Taten. Ich gebe Kraft, um Träume zu verwirklichen. Meine Energie steckt voller Heilimpulse. Ich leite das Alte, das Verbrauchte aus, und bringe frischen, neuen Schwung ins Leben."

Fasziniert bemerkt Luise, dass genau DAS mit ihr gerade passiert ist: ihre Erschöpfung hat unmerklich einer großen, tanzenden Leichtigkeit Platz gemacht. Wie schön, das tut jetzt richtig gut!

Luise nascht an einem jungen Birkenblatt. Daraus könnte man doch sicherlich auch einen guten Tee zubereiten, wenn man sich wieder einmal kraftlos und erschöpft fühlen würde? Das Leben ist eben manchmal einfach zu anstrengend!

„Greif' nur zu" lächelt die Birke gutmütig. Und schon biegt ein sanfter Windhauch ihre Äste so weit hinunter, dass Luise ein paar frische, grüne Blätter ernten kann.

Wieder hat sie einen Schatz geborgen, und, ganz wie es der Leichtigkeit der Birke entspricht, hat Luise an *diesem* Schatz gar nicht schwer zu tragen …

Expedition III
Innerer Kompass

Autsch, was pikst denn da so schrecklich? Luise reibt sich die schmerzenden Hände. Jetzt hat sie sich doch tatsächlich auf dem Weg zurück zum Basiscamp verlaufen! Von Wolke Sieben aus betrachtet hat die Erde wie eine kleine Kugel ausgesehen, aber wenn man sie erforschen will, dann stellt sich ganz schnell heraus, dass sie in Wirklichkeit ziemlich groß ist …

Luise ist genervt. Welchen Weg soll sie einschlagen? Irgendwie hat sie sich alles doch ein bisschen leichter vorgestellt. Ungeduldig zerrt sie an ihrem flauschigen Schal herum – alles viel zu eng – sie muss sich erst einmal Luft machen – und fällt dabei Holter die Polter in einen riesigen Stechpalmenstrauch. Wütend schimpft sie: „Was fällt dir ein, mich so zu piksen?" Für einen kleinen Moment lang ist ihre Selbstbeherrschung völlig dahin. Sie schimpft und tobt und klopft sich aufgebracht den Dreck von der Jacke. Was ist das alles für ein Mist?

Die Stechpalme bleibt ungerührt. Sanftmütig wiegt sie ihre schönen roten Perlen im Wind und bringt die durch den Aufprall verformten Äste in vollendeter Gelassenheit wieder in Balance. Fasziniert beobachtet Luise das Geschehen: Wie kann man nur so gelassen sein? Sie selbst war gerade vollkommen von ihren Gefühlen überrollt gewesen und hatte ihre ganze ohnmächtige Wut der Stechpalme entgegengeschleudert. Naja, denkt Luise grimmig, wenn ich so stachelige Blätter hätte, dann könnte ich mich auch besser schützen!

Neugierig betrachtet sie die Blätter jetzt eingehender. Eigentlich sehen sie wunderschön aus - wie gerade frisch lackiert. Vorsichtig wagt sie eine Berührung. Die Blätter fühlen sich fest an, fast lederartig, und, das hat Luise ja nun gerade am eigenen Leib gespürt - ziemlich stachelig! Irgendwo hat Luise diese Zweige doch schon einmal gesehen … Ach ja, jetzt fällt es ihr wieder ein: Das sind doch die Zweige, mit denen die Leute in diesen doch eher kühlen Klimazonen am Palmsonntag, aus Mangel an echten Palmen, den Junior willkommen heißen! Meistens werden hierfür Buchsbaumzweige gewählt, manchmal aber auch Stechpalmenzweige. Außerdem sind die Zweige der Stechpalme mit ihren leuchtend roten Beeren eine sehr beliebte Dekoration für die jährlich im Dezember stattfindenden Junior Geburtstagsfestivitäten. Diese Feste sind immer etwas ganz besonderes, das hat Luise auf der Basisstation schon miterlebt. Auf Juniorgeburtstagsfeiern gibt es haufenweise Freude, Hoffnung und Liebe. Aber: Was haben die harten, stacheligen Ilex Blätter wohl mit Liebe zu tun?

„Gut beobachtet" flüstert es leise aus der Stechpalme, „auch wenn es bei der Stacheligkeit meiner Blätter auf den ersten Blick nicht so aussehen mag: Liebe ist meine Grundessenz. Sie ist immer da, aber häufig wird sie bei heftigen Gefühlsausbrüchen nicht mehr genügend wahrgenommen." Aha, denkt Luise etwas kleinlaut, und wird ein bisschen rot dabei – sie fühlt sich erwischt! Eigentlich verliert sie nicht so schnell die Fassung – als Megastar in der Schatzsucherszene muss man schließlich cool sein. Aber gerade ist sie kein bisschen cool gewesen, nein, gerade hat ihr ein ziemlich heftiger innerer Stress einen dicken Strich durch die Rechnung gemacht. Und anstatt gelassen zu bleiben hat sich ihr emotionaler Unmut explosionsartig entladen – mitten hinein in die ahnungslose Stechpalme. Die Unsicherheit den weiteren Weg betreffend setzt Luise ganz schön zu, ihre Nerven liegen blank. Den Weg zurück findet sie nicht, und der Weg voran hat viel zu viele verschiedene Richtungen, woher soll man wissen, welche die richtige ist? Ratlos blickt Luise sich um. Und da sie eh nicht weiter weiß, entschließt sie sich dazu, erst einmal genau hier, an diesem Platz, eine Pause einzulegen.

„Wie gut, dass du da bist" freut sich die Stechpalme, „jetzt kann ich dir in Ruhe ein wenig von mir erzählen." Und dann behauptet sie doch tatsächlich allen Ernstes, Luise wäre nicht zufällig in sie hineingestolpert, sondern durch eine kräftige Ladung Hi hineingeworfen worden. Na, die traut sich ja was!

Wahr ist, dass Luise in ihrer großen Ratlosigkeit eine Expresslieferung Hi angefordert hat, aber sie hat dabei fest mit der Sendung einer klaren Wegbeschreibung gerechnet, und nicht mit zerstochenen Fingern!

„Die Wegbeschreibung bin ich" wispert es nun wieder leise aus den Ästen.

Wie das?

„Ich bin eine ideale Nothelferin in gemütsbedingten Stresssituationen. Bei starker Wut und Reizbarkeit, also wenn die Macht der Gefühle ein innerliches Chaos verursacht, dann bringt meine Liebesenergie die heftigen Emotionen in eine gute Balance zurück. Ich zünde ein Licht an, welches die inneren Schatten einfach auflöst. Meine Quelle ist die Kraft der Liebe. Mit Liebe leuchte ich dunkle Wege aus, damit die konstruktiven Kräfte besser sehen können, wohin sie fließen sollen. Mühelos wandle ich düstere Schatten in fruchtbare Selbsterkenntnis um."

Wow! Luise ist beeindruckt. Da ist sie ja tatsächlich mitten in einen dicken Schatz hineingeplumpst. Das muss sie unbedingt ihren Schatzsucherfreunden zu Hause erzählen. Nein, besser noch, sie pflückt ein paar stachelige Blätter ab, daraus lassen sich prima homöopathische Kügelchen herstellen. Die kann dann jeder einnehmen, der Lust dazu hat, innere Schatten mit der Kraft der Liebe aufzulösen und neue Erkenntniswege einzuschlagen. Wer hätte gedacht, dass in Stacheln so viel Gutes stecken kann?

Ja, und weil die Liebe, wenn sie aktiv gelebt wird, auch immer irgendwie verletzlich macht, haben die Stacheln noch einen weiteren Vorteil: Sie geben ein gesundes Maß an Selbstschutz!

Luise atmet zufrieden auf. Die heilende Energie der Stechpalme hat das innere Chaos bereits in heitere Gelassenheit umgewandelt. Sie kramt ihr Reisetagebuch hervor, um sich ein paar Notizen zu machen. Liebevoll betrachtet sie den Umschlag des Büchleins, auf den sie vor Beginn ihrer Expeditionen in großen Lettern: „Der Weg ist das Ziel" geschrieben hat. Natürlich! Der Weg ist das Ziel! Wieso war sie vorhin nur so nervös gewesen? Sie brauchte doch nur einfach weiter gehen, dann würde sich der Weg schon zeigen.

Und Umwege, das hat sie ja gerade von der Stechpalme erfahren, also: Umwege, die gibt es ja gar nicht! Jeder sogenannte Umweg ist in Wirklichkeit ein wichtiger Schatz auf dem Weg der Erkenntnis!

Das muss sie sich sofort aufschreiben. Luise überlegt einen kleinen Augenblick, dann greift sie beherzt zu einem dicken Filzstift und notiert zufrieden seufzend:

**Lasse ich mich von Liebe führen,
dann öffnen sich <u>immer</u> die richtigen Türen!**

Schatzparty

Endlich zurück im Basiscamp. Puh, die Expedition ist ganz schön anstrengend gewesen. Glücklich betrachtet Luise ihre Schatzernte: den dicken Terminkalender, in welchem sie so viele Termine mit einem leuchtend roten Filzstift einfach weggestrichen hat, um mehr Zeit für sich selbst zu haben; die Blätter und Erkenntnisperlen des immergrünen Efeus als wundervolle Unterstützung in Entwicklungsprozessen; die duftig zarten Blätter der Birke, die so herrlich viel Schwungkraft und Energie schenken; die stacheligen Blätter der Ilex Pflanze, die so viel Erkenntnis und Liebe bringen ... Luise ist richtig stolz auf die Schätze, die sie auf ihrer Expedition entdeckt hat. Jetzt gibt es nichts Schöneres, als alle Funde mit anderen zu teilen und Erfahrungen auszutauschen.

Luise lädt ein zur Schatzparty. Wie viele Gäste wohl dieses Mal kommen werden? Luise ist gespannt. Einen großen Teil der Schätze hat sie bereits zu Urtinkturen und zu homöopathischen Kügelchen verarbeitet und einladend am Buffet zu den besonders innovativen Desserts gestellt. Zum Trinken hat sie einen köstlichen Birkenblättertee vorbereitet, damit die Party auch so richtig in Schwung kommen kann.

Oh, so viele Gäste! Luise freut sich. Einige bringen Kostproben der Schätze mit, die sie gefunden haben, andere wiederum bringen spannende Geschichten mit, die vor Erkenntnisfunken nur so sprühen. Es ist ein wundervoll sprudelndes Geben und Nehmen auf ganzer Linie. Natürlich mischen sich heimlich auch immer einige Mitglieder aus der *Ideenklaufraktion* unter die Gäste. Man erkennt sie daran, dass sie von allem reichlich nehmen und dann schnell wieder verschwinden, um sich auf ihren eigenen Partys mit den Schätzen der anderen bewundern zu lassen. Die *Ideenklaufraktion* ist auf allen Festen stark vertreten, aber das macht Luise nichts aus, denn im Grunde ihres Herzens weiß sie ganz sicher, dass eigentlich alles allen gleichermaßen gehört, oder anders ausgedrückt, dass eben niemandem etwas wirklich ganz alleine gehört, und schon gar nicht, wenn es sich um die für jedermann zugänglichen Schätze des Universums handelt, also: wofür sich aufspielen?

Ganz im Gegenteil. Am schönsten ist es, so hat es Luise zumindest erfahren, also am schönsten ist es, wenn man sich gegenseitig heimlich Schatzkrümel in die Taschen schmuggelt, und dann irgendwann im Laufe der Zeit die kostbare Wirkung der vielen schönen Schatzkrümel - ohne Einwirkung von außen - in sich selbst entdeckt. Die Energie von den Schätzen, die man selber entdeckt, ist so viel kraftvoller und authentischer als alles, was man nur irgendwie von anderen abguckt und als eigenen Schatz deklariert - das findet zumindest Luise.

Typischerweise ist am Anfang der Fete alles noch etwas steif, besonders, wenn viele Gäste sich untereinander noch nicht kennen. Wie bringe ich jetzt Schwung in die Party, überlegt Luise bei einem dicken Glas

Birkenblättertee. Schnell fordert sie mental eine Blitzsendung Hi an – die da oben werden doch wohl wissen, wie die Gäste am schnellsten auftauen!

Ah, da kommt schon die Lieferung: Es ist eine Tanzanleitung für den *Lob-Boogie-Woogie*. Prima! Sieht gar nicht so schwer aus.

Der *Lob-Boogie-Woogie* gehört zu den sogenannten Schneeballtänzen, das heißt: die Tanzpartner wechseln ständig, und zwar so lange, bis jeder einmal mit jedem getanzt hat. Der Wechsel findet immer dann statt, wenn die Tanzpartner untereinander ein von Herzen kommendes Lob ausgetauscht haben, wie zum Beispiel: *Schön, dass du da bist*, oder: *Ich fühle mich wohl mit dir*, oder, oder, oder. Obwohl der *Lob-Boogie-Woogie* einfach nur klasse ist, wird er äußerst selten getanzt. Wieso eigentlich, überlegt Luise, und nimmt sich ganz fest vor, in Zukunft bei jeder Begegnung als Begrüßungsritual eine kleine Tanzsequenz einzuflechten. Und damit sie es nicht vergisst, nimmt sie schnell ihr Reisetagebuch zur Hand und notiert sich als Gedankenstütze die Worte:

**Liebe, Lob und Akzeptanz
bringen in jedes Leben Glanz.**

Ja, und auf der Party gibt es auch jede Menge Glanz. So viele prächtige Schätze … Neugierig betrachtet Luise die vielen Präsente, sie schillern und funkeln nur so um die Wette. Und dann entdeckt Luise mitten unter diesen Kostbarkeiten ein kleines Stückchen Kordel, welches an beiden Enden auf recht merkwürdige Weise ausgefranst ist. Die Form der Fransen erinnert Luise an einen Buchstaben aus dem Alphabet. Ja, bei genauerer Betrachtung sieht es so aus, als würden die Fransen an beiden Enden den Buchstaben „F" darstellen.

Das ist ja lustig: „F" für „Fransen", oder wie? Jetzt fällt ihr ein, dass sie auf ihren Expeditionen öfters die Redewendung gehört hat: „Das machst du aus dem FF (Effeff)", was so viel bedeutet wie: das wird dir mit Leichtigkeit gelingen. Sollte die Kordel eine Art Aufmunterungsschatz sein in den Situationen, in denen man sich selbst nichts zutraut?

„Nette Idee", sagt Liberta grinsend und jongliert dabei mit artistischem Geschick mit fünf Efeuerkenntnisperlen gleichzeitig, „wirklich nette Idee, aber falsch. FF steht für *fesselfrei.*"

Fesselfrei? Was soll denn das nun wieder bedeuten? Hier ist doch gar keiner gefesselt ...

„Manche Fesseln sind auf den ersten Blick gar nicht sichtbar" erklärt Liberta nun geduldig weiter, „aber gerade die unsichtbaren Fesseln sind schmerzvoll einschneidend und behindern ein freies Vorankommen."

Aha!

Luise braucht einen Moment, um Libertas Erklärung innerlich nachzuvollziehen. Nachdenklich knetet sie eine prächtige Erkenntnisperle zwischen beiden Händen und durchforstet dabei in Gedanken ihr eigenes Innenleben nach möglichen Fesseln. Oh! Da sind ja wirklich welche! Oh je, oh je - da sind ja ganz viele!

Sie sieht innerlich ja ganz verstrickt aus! Das gefällt Luise aber gar nicht. Vorsichtig wagt sie einen näheren Blick in ihre innersten Regionen. Da ist ein buntes Fesseltreiben: es gibt ein paar ganz dicke Schnüre und jede Menge dünne Fäden. Bei eingehender Betrachtung fällt auf, dass die dünneren Fäden noch nicht so alt sind wie die Dicken. Scheinbar werden die Dünnen, wenn man nichts gegen sie unternimmt, mit der Zeit zu Dicken. Die dicken Knebel sitzen bombenfest und schnüren Luise kräftig ein.

Unangenehm ist das! Man kann gar nicht mehr richtig frei atmen! Luise will die Fesseln loswerden, aber wie?

Eine Ladung Hi ist hier bitter nötig. Luise bestellt mental eine himmlische Schere, mit der man die Schnüre einfach aufschneiden kann, aber statt der ersehnten himmlischen Schere bekommt sie nur eine ellenlange Gebrauchsanweisung, die mit dem Merkspruch endet:

Willst du etwas loslassen,
dann musst du es zuvor erst fassen!

Na klasse! Das klingt nach echter Arbeit!

Es hilft nichts, Luise muss ran. Sie muss sich mit jeder Schnur einzeln befassen. Seufzend macht sie sich mit ihren inneren Knebeln bekannt. Alle Fesseln stellen sich mit Namen vor. Eine ganz dicke ergreift zuerst das Wort: „Hallo", sagt sie zittrig, „ich bin deine Angst. Als dünner Faden war ich für dich ein hilfreiches Frühwarnsystem in gefährlichen Situationen, aber du hast mich mehr und mehr an Stellen gefüttert, wo ich gar nicht hungrig war. So bin ich immer dicker geworden und habe schon jede Menge Ableger produziert. Jetzt gibt es mich nicht mehr nur als Angst vor Gefahr, sondern auch als Angst vor ganz vielen anderen Dingen. Hier, dieser dicke Ableger von mir zum Beispiel, das ist der *Selbstvertrauenskiller*. In seiner Umklammerung erhältst du das sichere Gefühl, dass du die zu erledigenden Aufgaben niemals gut genug machst und dass du sowieso nicht gerade viel wert bist. Mit festem Griff hält er dich furchtsam und klein. Der *Selbstvertrauenskiller* ist sehr widerstandsfähig. Wenn du ihn mit positiven Affirmationspillen fütterst, dann zieht er sich ganz schnell eine große Tarnkappe über, aus der er erst wieder herauskrabbelt, wenn die Luft absolut affirmationsrein ist. Dann allerdings macht er sich nur zu gerne wieder eifrig ans Werk."

Luise ist geschockt. Das sind ja schöne Aussichten! Und, als ob das allein nicht schon schlimm genug wäre - jetzt fangen auch noch die anderen Schnüre an, wie wild durcheinander zu plappern. Von A wie Angst bis Z wie Zaudern - ein Fesselalphabet des Grauens!

In diesem Moment wird Luise unsanft an den Schultern gepackt und energisch aus ihrem Gedankenkarussell gerüttelt: „Luise! Jetzt ist aber mal Schluss mit deinem KK." Es ist Liberta. Liberta ist bereits dermaßen fesselfrei, dass sie sich nicht einmal mehr an vollständige Worte gebunden fühlt, sondern frei nach Belieben alle Worte bis auf ihre Anfangsbuchstaben abkürzt. Ihr Lieblingsspiel ist es dann, die anderen raten zu lassen, welche Worte sich hinter den gewählten Anfangsbuchstaben verbergen.

Tja, Liberta macht ihrem Namen eben alle Ehre – schließlich bedeutet Liberta „*die Befreite*"!

KK ist einfach, KK ist die Abkürzung für Kopfkino, oder?

„Kalter Kaffee" grinst Liberta siegessicher.

Aha! KK bedeutet also kalter Kaffee?

„Nein, nein" sagt Liberta nun ganz sanft, „KK steht für *Knebelkabinett*."

Wieder einmal hat sie den Nagel auf dem Kopf getroffen: Die inneren Fesseln sind wirklich das reinste *Knebelkabinett*! Und der Gedanke, dass man für den größten Teil seiner Knebel auch noch selber verantwortlich sein soll, nein, dieser Gedanke gefällt Luise ganz und gar nicht. Also: Nichts wie ran an die Knebelbefreiung!

Seufzend nimmt sich Luise die Hi Anleitung noch einmal vor: *Willst du etwas loslassen, dann musst du es zuvor erst fassen!*

Luise schließt die Augen und greift mutig hinein ins Fesselalphabet: Aha - Anklageknebel! Oh je, diese Fessel sieht ziemlich dick aus und hat auch schon jede Menge bunte Ableger gebildet: feurig rote für Fremdanklage, und tiefschwarze für Selbstanklage. Alle Anklagefesseln sind auffällig fest mit dem

Schuldknebel verstrickt - scheinbar gehören sie irgendwie zusammen. Und jetzt? Ratlos blättert Luise in der Hi Anleitung herum – wenn die da oben schon keine Knotenlöseschere schicken, dann doch wenigstens ein paar brauchbare Hinweise – ah, jetzt hat sie etwas gefunden, hier steht:

**Die Liebe löst die Schuld ganz auf,
so nimmt Heilung ihren Lauf.**

Und ganz unten auf der Seite entdeckt sie noch eine kleine Fußnote, eine Auflistung von empfohlenen Hilfsmitteln aus der Naturheilkunde, wie zum Beispiel die Bach Blüten Pine und Holly, und noch einiges andere mehr.

Na, das ruft doch nach einer neuen Expedition! Luise atmet erleichtert auf. Natürlich! Das ist die Lösung: eine weitere Schatzsuche. In der Natur wird sie gute Helfer finden, die ihr selbst und all denjenigen, die unter einem ähnlich umfangreichen Verstrickungsalphabet leiden, den Weg in die Freiheit erleichtern werden. Und damit sie ihr Reiseziel nicht aus den Augen verliert, packt sie sich zur Erinnerung sofort ein großes Stück von Libertas Kordel ein.

Libertas Kordel – sie fühlt sich jetzt schon unheimlich gut an, diese an beiden Enden ausgefranste Kordel mit den zwei F für *Fesselfreiheit* …

Expedition IV
Freiheit

„Hallo Luise, nimmst du mich ein Stück mit?" Franz setzt sein charmantestes Lächeln auf und reicht Luise auffordernd seine Hand. Ja, warum eigentlich nicht? Bis jetzt ist sie immer alleine losgezogen, vielleicht lassen sich ja zu zweit noch viel mehr Schätze entdecken? Eigentlich ist Luise froh, dass Franz sie gerade jetzt angesprochen hat. Ihr Verstrickungsalphabet liegt ihr immer noch schwer im Magen, und so ein Gefährte tut ihr jetzt mit großer Sicherheit sehr viel besser als jeder noch so gute Magenbitter!

Franz ist ihr auf der Schatzparty schon wohltuend aufgefallen, keiner konnte den *Lob-Boogy-Woogy* so hingebungsvoll tanzen wie er. Naja, eigentlich kein Wunder, denn Franz ist selber, unter anderem, Troubadour und Liederschreiber. Der Rhythmus liegt ihm quasi naturgemäß im Blut. Nur mit seinem Outfit ist er etwas nachlässig: Immer trägt er diese verschlissene braune Jutekutte, in der Taille nur mit einer dünnen Kordel zusammengehalten, und dazu, wenn überhaupt, ein paar alte Zehenlatschen, die schon allein vom scharfen Hingucken drohen auseinanderzufallen. Naja, Mode ist eben echt Geschmacksache … Dabei hat er früher einmal selber in einem gut florierenden Textilgeschäft gearbeitet und edelste Stoffe verkauft. Aber irgendwann hat er sich ganz fürchterlich mit seinem Vater, dem Geschäftsinhaber, überworfen und ihm daraufhin sämtliche Klamotten einfach vor die Füße geworfen. Seit der Zeit läuft Franz in diesem exotischen Outfit herum.

Naja - egal. Immerhin kann man sicher sein, dass Franz auf Grund seiner bewegten Vergangenheit schon jede Menge eigene Erfahrungen mit dem Thema Fesselfreiheit gemacht hat. Ganz bestimmt kann er Luise auf der gemeinsamen Expedition ein paar gute Tipps geben, wie sie zumindest einige von diesen grässlich fest sitzenden Verstrickungen loswerden kann. Welche Reiseroute würde sich dafür wohl am besten eignen?

Als hätte er ihre Gedanken gelesen, nimmt er sie nun sanft beiseite und raunt ihr freudig zu: „Luise, bist du eigentlich schon einmal in Italien gewesen? Ich kenne dort ein ganz zauberhaftes Schatzballungsgebiet. Wir würden stille Wälder und Wiesen erkunden und ich könnte dir ein paar sehr schöne Kraftplätze zeigen mit besonders hoher Fesselfreiheitskonzentration. Na, wie sieht's aus? Hast du Lust?"

Luise hat Lust. Und wie! Ja, sie will diese blöden inneren Stricke loswerden - je eher, desto besser! Also: nichts wie auf nach Assisi ...

„Sag mal, Franz, wie bist du eigentlich <u>dein</u> inneres Knebelkabinett losgeworden?"

Bedächtig sucht Franz nach den richtigen Worten. „Hm" murmelt er dann wie zu sich selbst „ohne diese geballte

Ladung Hi, die mich vor langer, langer Zeit im Traum erreicht hat, und ohne die vielen himmlischen Ansagen vom Junior persönlich würde ich wohl heute noch unter dicken inneren Verstrickungen zu leiden haben."

„Soll heißen?" fragt Luise ungeduldig.

„Nun" erwidert Franz nachdenklich „bei mir waren die inneren Fesseln bereits so fest miteinander verwachsen, dass ich dachte, das MUSS so sein, das ist *normal*. Naja, zugegeben, in manchen Zeiten haben sie mich arg gepiesackt, aber dann habe ich einfach mit meinen Freunden zusammen rauschende Feste gefeiert, und so lange getrunken und gesungen und gelacht, bis ich die inneren Stricke nicht mehr so stark gespürt habe. Du kannst dir sicher vorstellen, dass meine Eltern nicht gerade besonders begeistert waren von meinem lockeren Lebenswandel! Und dann habe ich mir vorgenommen, mein Heimatland mutig im Krieg zu verteidigen und als ruhmreicher Ritter heimzukehren. Doch bevor es überhaupt so weit kommen konnte, hat mich auf dem Weg in den Krieg im Traum diese eindringliche Hi Nachricht erreicht und zur Umkehr nach Assisi bewegt. Und dann sollte ich von dort aus weitere Instruktionen abwarten. Das war das Allerschwerste: warten, warten, warten …

Warten - worauf?

Mein Vater war echt wütend auf mich. Er hat mich sogar bei uns zu Hause im Keller eingesperrt, aber Gott sei Dank hat meine Ma mich wieder herausgelassen, als er auf Geschäftsreise war. Ich bin dann ganz schnell weggelaufen, hinein in die schöne Natur, in der Hoffnung, dort weitere Hinweise zu finden oder neue Anweisungen zu erhalten. Und dann ist es eines Tages wirklich so gekommen. In der kleinen, halb verfallenen Kirche San Damiano habe ich die Stimme aus dem Traum wieder ganz deutlich gehört. Sie sagte zu mir: *Geh, und baue meine Kirche wieder auf, weil sie zerfällt!*

Damals habe ich nicht auf Anhieb verstanden, dass das eher bildlich gemeint war und dass ich die Kirche in ihren inneren Werten wieder aufbauen sollte. Zu jener Zeit dachte ich erst einmal einzig und allein daran, das total verfallene Gebäude Stück für Stück wieder aufzubauen. Und das habe ich, so gut es eben ohne Mittel und Werkzeuge ging, getan. Als ich damit fertig war, habe ich gleich noch zwei weitere kleine Kirchen saniert, die Portiunkula und San Pietro. Es war wirklich merkwürdig: Je tiefer ich mich in die Arbeit hineingab, desto weniger spürte ich die Existenz meiner inneren Fesseln. Natürlich ist es ziemlich mühsam gewesen, so ganz ohne Geld und Unterstützung zu bauen, aber mit der Zeit haben sich mir immer mehr Leute angeschlossen und mitgeholfen, und allen ist es - trotz der schweren körperlichen Arbeit - innerlich so gut ergangen wie mir.

Ich dachte schon, dass ich mein ganzes Leben lang verfallene Kirchen wieder aufbauen würde, bis mir eines Tages dieses Buch über die Lebensgeschichte vom Junior in die Hände fiel. Luise, ich sag' dir: Das war wie ein Blitz, der mich von oben bis unten elektrisiert hat. Mir ist gleichzeitig heiß und kalt geworden, als ich gelesen habe, wie der Junior seine

Gefährten dazu aufgefordert hat, ohne Geld und Vorrat in die Welt zu gehen und zu predigen. Ich wusste sofort: genau DAS will ich auch tun."

Franz holt einen Moment lang tief Luft, seine Augen leuchten hell wie Sterne bei der Erinnerung an diesen magischen Augenblick der tiefen Erkenntnis.

Luise ist sichtlich ergriffen. „Das heißt also, um die inneren Fesseln zu lösen sollten wir alle unsere Besitztümer verschenken und mit Jutekutte bekleidet durch die Welt wandern und predigen?" fragt sie nun doch etwas verunsichert. Sie gibt es nicht gerne zu, aber die Radikalität dieser Lösung erschreckt sie schon ein bisschen.

Franz hat seine Sprache wieder gefunden. „Nein, nein" lacht er jetzt „das war für MICH die richtige Lösung. Du musst dir selber eine suchen, Luise, und zwar eine, die für DICH stimmig ist."

Klar! Leicht gesagt! Aber: Wie macht man das?

Franz stimmt vergnügt ein kleines Liedchen an. Es ist sein Lieblingslied, er hat es selber komponiert. Er nennt es *Sonnengesang*, es ist eine innige Lobeshymne an den großen Schöpfer und an alle seine Geschöpfe. Inbrünstig lobt und dankt er mit dem Song dem großen Schöpfer für Sonne, Mond und Sterne, für Wind und Wolken, für Wasser und Feuer, für Himmel und Erde, für Leben und Tod.

Hingebungsvoll singt er voller Freude:

Sei gelobt, mein Herr, durch jene, die verzeihen um deiner Liebe willen, und Unsicherheit und Traurigkeit ertragen. Selig, die in Frieden verharren. Sie werden von dir gekrönt.

Luise ist hin und weg. So ein schöner Text! Fröhlich stimmt sie mit ein: *Verzeihen, im Frieden verharren ...* Abrupt bleibt sie stehen und nimmt einen kräftigen, tiefen Atemzug. Irgendetwas fühlt sich anders an, leichter, gelöster. Ja, sie kann auf einmal freier atmen, der Druck auf der Brust und im Bauchraum ist weniger geworden. Vorsichtig wagt sie einen kurzen Blick auf ihr inneres Knebelkabinett. Tatsächlich: Die Anklagefesseln und die Schuldknebel haben sich merklich verdünnisiert. Kann denn das Singen eines Liedes allein schon Fesseln lösen?

Franz sieht die erstaunten Fragezeichen in Luises Augen und muss grinsen. „Schau', Luise" sagt er herzlich „es ist gar nicht so schwer zu verstehen: **Verzeihen um der Liebe willen** – vor dieser geballten Ladung Himmelsenergie können die Fesseln nur kapitulieren!"

„Wie? Das ist alles? Man braucht also nur genug Liebe? Wo gibt's die denn?"

„Tja" sagt Franz nun bedächtig nach den richtigen Worten suchend „das ist nicht so einfach zu erklären. Die Liebe wohnt von Anfang an in jedem von uns, nur vergessen wir in manchen Situationen, unsere innere Führung komplett in ihre Hände zu legen. Naja, und in den Augenblicken, in denen wir quasi *führerlos* sind, also in diesen Momenten machen sich sofort die inneren Fesseln stark und schnüren uns die Seele ein. Ich sage dir, Luise, die Fesseln sind so etwas von raffiniert und clever – sie gaukeln uns doch allen Ernstes vor, dass ganz allein nur *sie* im Recht sind. Schau dir doch nur mal deine dicken Schuldknebel an: Du fühlst dich schuldig, weil du denkst, dass du bestimmte Dinge nicht gut genug gemacht hast, du fühlst dich mies, weil du denkst, du hast versagt, oder du gibst anderen die Schuld an deiner Situation – egal, wie du es wendest oder drehst: die Schuldknebel machen dir immer ein schlechtes Gefühl, nicht wahr? Wenn du dich nun in dieser Situation ganz bewusst der Liebe zuwendest und um ihre Führung bittest, dann bekommst du sofort ganz andere innere Signale. Die Liebe wird dich immer aufbauen und zu dir sagen: Es ist ok, Luise, es ist alles ok. Du hast dein Bestes gegeben. So, wie es ist, so ist es gut. Wenn du zum jetzigen Zeitpunkt mehr hättest erreichen sollen, dann wäre es so geschehen. Verurteile nicht deine angeblichen Schwächen, sondern gebe dich liebevoll und mit Freude daran, verborgene Stärken in dir und in deinen Mitmenschen zu entdecken und wertzuschätzen."

Wow! Klingt echt gut! Aber leicht ist das nicht! Luise wird jede Menge Hi brauchen, um das alles irgendwie auch nur ansatzweise umsetzen zu können.

„Im Grunde kommt es also nur darauf an, zu erkennen, dass man gut ist, so wie man ist und dass man das tut, was man für richtig hält – egal, was andere dazu sagen?" fragt sie nun doch noch einmal zur Sicherheit nach.

Franz nickt bedächtig mit dem Kopf. „So ist es, Luise. Jeder von uns ist frei, um seinen ganz eigenen Weg zu gehen. Wenn wir uns von der Liebe leiten lassen, dann wissen wir zu jeder Zeit, was richtig ist. Auch wenn man es nicht immer gleich erkennen kann: die Liebe wird uns stets so führen, dass es zu unserem eigenen Besten ist und zum Besten aller Beteiligten."

„Du bist vielleicht gut!" murrt Luise nun doch ein wenig genervt. „Frei sein für den eigenen Weg! Und was mache ich derweil mit dem inneren Knebelkabinett? Obwohl, wenn ich jetzt so in mich hineinschaue, dann muss ich zugeben, dass es sich wirklich schon etwas gelockert hat…"

„Du willst immer alles auf einmal" sagt Franz nun sanft beschwichtigend. „So läuft das nicht, Luise. Du hast schließlich ein ganzes Leben lang Zeit, um die Freiheit für dich selbst zu perfektionieren und um dein Leben mit der Kraft der Liebe zu vervollkommnen. Dabei wirst du immer wieder Zeiten haben, wo es dir leichter fallen wird, und dann auch wieder Zeiten, in denen du an dir und an deinen Lebensumständen schier verzweifelst. Mach' dir nichts draus, Luise – so geht es uns allen."

„Schwacher Trost" denkt Luise etwas grimmig. Doch gerade, als sie anfangen will, darüber zu meckern, fällt ihr Blick auf etwas Ungewöhnliches. Was ist denn das da hinten auf der Wiese? Ist das ein Kreuz?

Tatsächlich, mitten im hohen Gras steckt ein kleines, durch Sonne und Regen verwittertes Holzkreuz.

Als Luise näher herangeht, entdeckt sie, dass jemand, zwar kritzelig, doch noch durchaus lesbar, etwas in den Querbalken eingeritzt hat. Mit viel Mühe entziffert sie den stark verblassten Schriftzug und muss unvermittelt in sich hineinlächeln.

Na, wenn das mal nicht wieder typisch kosmischer Humor ist. Und dann liest sie laut:

Ist der Junior mit dabei, lebt es sich ganz fesselfrei.

Expedition V
Lebensrezepte

Das muss Luise erst einmal alles verdauen. Ja, es macht Spaß, mit Franz zu wandern, aber manchmal ist es auch echt anstrengend… Nein, nein, der Weg an sich ist nicht anstrengend, Franz ist ein toller Tourenführer. Er kennt so viele schöne Plätze! Oft wandern sie einfach nur still nebeneinander her, und jeder hängt seinen Gedanken nach und freut sich an der Fülle der wunderschönen Natur. Aber die Gespräche mit Franz, die haben es echt „in sich". Sie sind voll gespickt mit Schatzkrümeln, die Luise in mühevoller Kleinarbeit erst einmal für sich selbst zusammenfügen muss, bevor sie den Seelenschatz darin erkennen kann. Zum Beispiel diese Geschichte über den Bettler mit der ansteckenden Hautkrankheit, den Franz trotz Ekel und Furcht vor Ansteckung einfach so umarmt hat. So verrückt kann auch nur Franz sein! Was sollte denn das?

„Zuerst wollte ich ja auch weglaufen vor dem Bettler" erklärt Franz freimütig, „er sah so furchtbar aus, und ich hatte große Angst davor, mich mit dieser hochgradig ansteckenden Hautkrankheit bei ihm zu infizieren. Aber dann, gerade als ich vor ihm flüchten wollte, ist ein kräftiger Hi Orkan aufgezogen und hat mich mit himmlischer Windstärke direkt in die Arme des Bettlers geworfen. Zuerst war ich ganz starr vor Schreck, aber dann... Luise, wie soll ich es erklären... dann fühlte es sich plötzlich so an, als ob Bitteres zu Süßem würde."

„Wie bitte? Bitteres zu Süßem? Was soll denn das nun wieder heißen? Wenn er doch nur mal Klartext reden würde" stöhnt Luise innerlich. Sie ahnt schon, dass in dieser Geschichte ein großer Schatz verborgen ist, aber die Hebung dieses Schatzes scheint recht arbeitsintensiv zu werden.

Immerhin, ein paar Schatzkrümel kann sie schon zusammenfügen: Bitteres und Süßes – das sind doch geschmacklich krasse Gegensätze. In der Geschichte ist wahrscheinlich ein *himmlisches Umwandlungsrezept* versteckt. „Na, auf die Zutaten bin ich echt gespannt" denkt sie voller Tatendrang und bindet sich im Geiste schon mal eine magische Kochschürze um. „So, und wo ist jetzt das Rezept?"

„Luise als Köchin – ha!" Franz kann sich bei diesem Anblick das Lachen kaum verkneifen. Kennt er Luise doch als Liebhaberin von himmlischen Fertiggerichten, in denen die Weisheit als Zutat bereits mundgerecht eingearbeitet ist, so dass man sie sich direkt, also ohne eigenen Arbeitsaufwand, Löffel für Löffel genießerisch einverleiben kann. „Also" sagt Franz fröhlich, „wenn du das Rezept wirklich nachkochen möchtest, dann brauchst du als erste Zutat eine Prise Mut."

Das fängt ja gut an! Mut! Wieso Mut?

„Nun" erklärt Franz geduldig weiter „du brauchst Mut, um das zu probieren, was du bis jetzt für ungenießbar gehalten hast. Du brauchst Mut, um dich <u>dem</u> zuzuwenden, wovor du lieber weglaufen würdest. Ist es nicht so, dass uns gerade das, wovor wir uns fürchten, immer und immer wieder begegnet, und zwar so lange, bis wir uns dem leidigen Thema mutig stellen, um es endgültig aufzulösen?"

Luise durchkämmt in Gedanken ihr bisheriges Leben. Ja, da gibt es wirklich so einige unangenehme Dinge, vor denen sie weggelaufen ist. Das Bild ihres inneren Knebelkabinetts steigt vor ihrem geistigen Auge auf. Da sind noch jede Menge Knebel zu bearbeiten, an die sie sich noch gar nicht herangetraut hat. Damals, auf ihrer Schatzparty, da hatte sie sich per Hi eine himmlische Knotenlöseschere bestellt, um die inneren Fesseln einfach zu zerschneiden, doch statt Schere hatte sie diese ellenlange Gebrauchsanleitung bekommen, die mit dem Spruch endete:

**Willst du etwas loslassen,
dann musst du es zuvor erst fassen!**

Irgendwie schien Franz gerade über das Gleiche zu sprechen, nur „in grün", oder besser gesagt – im Grünen.

Die Lösung ist also stehen bleiben und sich genau <u>dem</u> zuwenden, wovor man am liebsten die Flucht ergreifen würde? Auf einmal ist sich Luise gar nicht mehr so sicher, ob sie das Rezept von Franz wirklich nachkochen möchte.

„Du meinst also, wenn man Süßes haben will, dann soll man sich erst einmal mutig dem Bitteren zuwenden und dann auch noch davon kosten?" fragt sie nun zaghaft nach und denkt sich im Stillen, wieso es Süßes nicht einfach schon als fertige Essenz, also ganz ohne Bitteres, gibt. Sie pflückt sich ein paar reife Trauben und steckt sie genüsslich in den Mund. „Naja" überlegt sie nun laut vor sich hin, „die waren auch nicht von Anfang an süß. Die mussten auch zuerst einmal einen Reifungsprozess durchlaufen…"

„Damals hat sich alles für mich geändert" erzählt Franz nun seine Geschichte „ich war ja von Hause aus reich und hatte ein sorgenfreies Leben. Die Leute mit dieser schrecklichen Krankheit - wir nannten sie damals die *Aussätzigen* - also diese Leute verkörperten genau das, wovor ich mich innerlich fürchtete, nämlich Armut und Krankheit. Jedes Mal, wenn sich mir so ein Aussätziger näherte, habe ich schleunigst die Flucht ergriffen. Natürlich haben mir diese Menschen auch total leidgetan, deshalb habe ich ihnen immer etwas gegeben, wenn sie gebettelt haben.

Bis auf das eine Mal, als dieser Aussätzige in unser Geschäft kam, als ich gerade dabei war, feinste Stoffe zu verkaufen. Den lukrativen Geschäftsabschluss wollte ich mir nicht entgehen lassen, deshalb habe ich den Bettler ganz unwirsch hinausgeworfen - aber dann, kaum dass er draußen war, hat mich das schlechte Gewissen gepackt. Deshalb bin ich ihm schnell hinterhergerannt, um ihm ein paar Münzen zuzuwerfen – ja – und dann kam es zu dieser besagten Situation. Wir standen uns gegenüber, ich wollte ihm das Geld zuwerfen, und dann kam dieser himmlische Orkan, der mich direkt in die Arme des *Aussätzigen* gefegt hat. Und dann – ich nehme an, das war mal wieder der Junior persönlich, der mir diese Idee eingeflößt hat – also dann habe ich diesen armen, kranken Menschen trotz meiner großen Angst vor Ansteckung umarmt und geküsst. Und dieser Kuss, Luise, da ist so etwas Irres passiert … Also mit diesem Kuss fiel plötzlich meine ganze Angst vor Armut und Krankheit von mir ab, ja, mehr noch: ich begriff, wie gut es mir tun könnte, so ganz ohne Pomp und Luxus zu leben und einfach frei zu sein.

Weißt du, Luise, Besitz ist gut und schön, aber es kostet auch viel Energie, den Besitz zu schützen und zu mehren. Plötzlich habe ich gespürt, dass ich ohne diesen ganzen Besitz viel freier sein kann, um meiner inneren Stimme zu folgen und meine Lebensaufträge zu verwirklichen. Ich habe also Besitz und Sicherheit aufgegeben, und fortan in absoluter Armut gelebt.

Naja, wie ich dir schon erzählt habe, das ist nicht immer so leicht, aber die Freiheit, die ich dadurch bekomme, die ist es allemal wert. Meine Freunde haben mich natürlich alle für verrückt erklärt und mir „einen Vogel gezeigt", aber mit der Zeit haben viele von ihnen den Reichtum in der Armut erkannt und sind mir gefolgt. Und das, liebe Luise, genau <u>das</u> meine ich:

Den Reichtum in der Armut erkennen - die Fülle in der Leere finden - das Süße im Bitteren entdecken."

Luise ist ganz still geworden. In ihrem Kopf schwirren die Worte von Franz herum wie viele dicke Quellwolken. Nachdenklich schaut sie in den Himmel: auch hier haben sich ein paar große Wolken geformt, aber zwischen den Wolken kommt ansatzweise die Sonne durch.

„Ach so", denkt sie nun hellwach, „hinter den Wolken ist Sonne. Also könnte man auch sagen, hinter der Dunkelheit ist Licht, und hinter Bitterem ist Süße!"

Ganz aufgeregt wendet sie sich nun wieder Franz zu. „Ich glaube, ich hab' das Rezept kapiert. Wenn einem das Bittere nicht schmeckt, dann soll man es nicht einfach schnell herunterschlucken und unverdaut im Körper in der dunkelsten Ecke deponieren, sondern man soll es bewusst so lange zerkauen, bis man die süßen Anteile aus dem Bitteren herausschmecken kann, nicht wahr?"

Luise hat so eine Erfahrung schon gemacht, nur umgekehrt - damals, auf dem Schokoladenseminar. Man konnte dort verschiedene Schokoladensorten probieren und sollte die einzelnen Stücke ganz langsam im Munde zergehen lassen. Beim langsamen Lutschen merkte man dann plötzlich, wie sich der anfänglich köstliche Geschmack veränderte, und das Süße auf einmal ganz intensiv nach strengem Tabak schmeckte. Und tatsächlich erfuhr man nach der Verköstigung, dass es Schokoladensorten gibt, die mit Tabakanteilen hergestellt werden. „Also" folgert Luise scharfsinnig, „Wenn Süßes aus Bitterem bestehen kann, dann kann im Bitteren auch Süßes stecken - man muss es nur irgendwie entdecken!" Und prompt flattert ihr just in diesem Moment ein köstlich nach Plätzchen duftendes Blatt vor die Füße, auf dem steht:

Wenn ein Gericht dir zu bitter schmeckt, dann hast du die Süße darin nicht entdeckt. Wende dich dann direkt an den Chef, der kennt die Rezepte aus dem Effeff. Die fehlenden Zutaten wird er dir bringen: So kann die Speise dir bestens gelingen!

„Na, wenn das nicht ein wirklich *köstlicher* Schatz ist!" denkt Luise, während sie ihre Nase genüsslich seufzend in das wohlriechende Rezeptblatt steckt. Und dann verkündet sie übermütig:

„Wenn ich nicht mehr weiter Megastar in der Schatzsucherszene sein will, dann bewerbe ich mich als Köchin in der Abteilung *Himmlische Fertiggerichte!*

Expedition VI
Schriftstellerei

Franz macht sich auf den Weg zum Berg La Verna, in der Hoffnung, den Junior dort zu treffen. Die beiden stecken gerne die Köpfe zusammen und haben immer jede Menge zu besprechen. Luise braucht erst einmal eine ausgiebige Verschnaufpause. Sie hat schon genug damit zu tun, ihre Gedanken zu ordnen. „Reicht doch, wenn es innerlich ein Stück bergauf geht" seufzt sie leise vor sich hin, „soll ich dazu zeitgleich auch noch einen Berg hochkraxeln – nein danke, das ist mir jetzt aber wirklich zu anstrengend!"

Sie sucht sich ein schönes Plätzchen auf der Wiese und entschließt sich dazu, die neuen Schatzerkenntnisse erst einmal stichpunktartig zu notieren – schließlich will sie ja einen erstklassigen Reiseführer schreiben! Grübelnd sitzt sie vor ihren Reiseaufzeichnungen. So viele Notizen - wie soll denn daraus ein Buch entstehen? Und dann auch noch ein richtig gutes? Wie schreibt man überhaupt Bücher? Luise wird innerlich ganz kleinlaut. „Tja" denkt sie resigniert, „ein Megastar in der Schatzsucherszene ist eben nicht automatisch auch ein Bestsellerautor - obwohl diese Kombination im Moment echt hilfreich wäre!"

Luise findet keinen Anfang. Eine kräftige Ladung Himmelsinspiration wäre jetzt genau das Richtige! Schnell bestellt sie eine Expresslieferung Hi und wartet gespannt und voller Neugier auf die Lieferung. Was es wohl dieses Mal sein wird? Vielleicht hat sie ja Glück und es wird ihr einer von diesen kleinen, sympathischen *Higos* geschickt? Ja, das wär's doch: ein kleiner netter himmlischer Ghostwriter, der alle ihre Reisenotizen mit Leichtigkeit zu wunderschönen Texten verarbeiten würde, die beim Lesen wie zartestes Schokoladenkonfekt nur so auf der Zunge zergehen würden ... Ja, ein *Higo* müsste jetzt dringend her! „Hallo – *Higos* – wo seid ihr? Bitte melden!"

Luise wartet.

Noch ist kein himmlischer Ghostwriter in Sicht ...wäre ja auch zu schön gewesen! Statt *Higo* nur ein heftiger Windrausch, der Luise verschwörerisch zuraunt:

**Bist du auf des Buches Suche,
dann besuche flink die Buche.**

Was soll das denn bitte schön heißen? Komische Botschaft! Was hat denn ein Baum mit einem Buch zu tun? Bis auf die Tatsache, dass beide Worte mit dem Buchstaben „B" anfangen, kann Luise keine weiteren Gemeinsamkeiten entdecken. Seufzend packt sie ihre gesammelten Notizen wieder ein und macht sich startklar. *„Bist du auf des Buches Suche, dann besuche flink die Buche."* Irgendetwas wird es schon zu bedeuten haben, also: Auf zur Buchensuche!

Luise hat die Hoffnung noch nicht ganz aufgegeben. „Wer weiß" denkt sie sich im Stillen „vielleicht sind gerade Buchenwälder bevorzugte Wohngebiete für himmlische Ghostwriter?" Vor ihrem geistigen Auge sieht sie schon das Inserat: „Buche mit gemütlicher Einliegerbude – interessierte *Higos* melden sich bitte bei der Waldaufsicht." Luise grinst in sich hinein. Und dann nimmt sie sich ganz fest vor, an dem einen oder anderen Buchenstamm mal ganz vorsichtig anzuklopfen – vielleicht ist er ja bewohnt? Man kann ja nie wissen ...

Wow! Was für majestätische Bäume! Luise ist total begeistert. Sie ist mitten in einem großen Buchenwald gelandet und kann gar nicht aufhören zu staunen. Zwar hat sie immer noch keine Idee, was dieser Ort mit ihrem Buch zu tun haben soll, aber das ist ihr im Moment auch ganz egal. Sie fühlt sich einfach pudelwohl hier! Sind es die Bäume, die diese tiefe Geborgenheit ausstrahlen? Wenn sie hinaufschaut und das dichte Blattwerk der Buchen betrachtet, dann fühlt sie sich wie unter einer großen, wunderschön zartgrünen Himmelskuppel.

Und erst die Baumstämme: so schön glatt, fast glänzend. Dass sie so schnurgerade hochwachsen macht den Wald so richtig geräumig, man hat jede Menge Platz zum Wandern. Schön ist das hier im Wald: unten luftig hell und oben diese lichtdurchflutete, hellgrüne Blattkuppel, die Schutz und Geborgenheit gibt. Es ist einfach herrlich!

Luise zieht Schuhe und Strümpfe aus und macht es sich am Stamm einer riesigen Buche auf einem Kissen welker Blätter so richtig bequem.

„Aua!" Was pikst denn da so? Jetzt sieht sie es: Unter dem Blätterhaufen liegen ein paar scharfkantige Rindenstücke. Neugierig betrachtet Luise die einzelnen Buchenbrettchen. Da ist ja etwas eingeritzt ... Sieht aus wie Buchstaben ... Ja, tatsächlich – da steht was! Luise kneift ihre Augen zusammen, um schärfer sehen zu können: Bi..thek, Bu..holz, Publikat...was heißt das? Während Luise noch kräftig herumrätselt und nach weiteren Hölzchen sucht, hört sie eine mütterlich wohlklingende Stimme sagen:

Gedanken bleiben durch gutes Schreiben. Ritze Worte in meine Rinde, forme daraus ein Gebinde. Willst du Gutes dir notieren, lasse dich von mir verführen. Streich' aus meinem Namen das „e", dann siehst du klar, wofür ich steh'. Ich bin die Stütze aller Autoren, aus meinem Holz werden Bücher geboren.

Tatsächlich! Streicht man aus dem Wort Buche das „e" weg, dann wird aus Buche Buch! Luise betrachtet noch einmal eingehend die Rindenstücke mit den Buchstaben. Wenn die Buche für Buch steht, dann könnte das erste Wort vielleicht Bibliothek heißen? Natürlich: Bibliothek, Buchenholz, Publikation – alles hat mit Büchern zu tun!

„Gut erkannt, Luise" lobt die Buche nun mit einer so warmen und streichelnden Stimme, dass Luise sich ganz eng an den dicken Buchenstamm anschmiegt. Diese Stimme ... so weich, so warm, so vertraut. Luise fühlt sich geborgen wie in Mutters Schoß.

Ganz still und versunken streichelt sie sanft über die Buchenholzbrettchen und lässt sich von der samtigen Stimme der Buche einhüllen.

„Mein Name ist *Mariella*. Ich bin die Mutter unter den Bäumen. Ich stehe für Fruchtbarkeit, für Wachstum, für Gedeihen. Ich gebe Kraft zur Entfaltung der eigenen Möglichkeiten und bringe die inneren Potentiale nach außen. So unterstütze ich die Menschen dabei, sich selbst bestmöglich zu verwirklichen und ihre Potentiale voll auszuschöpfen und auszuleben. Meine Energie gibt Mut und innere Stärke, um die eigenen Bedürfnisse klar zu benennen und dann auch beherzt durchzusetzen. Ich inspiriere zu klarer Artikulation in Wort und Schrift - nicht umsonst bin ich die Mutter der Bücher. Schon vor Tausenden von Jahren wurden Nachrichten in meine Rinde geschnitzt. Die ersten Bücher, die es gab, bestanden aus meinen Buchenbrettchen! Ich bringe Klarheit in die Gedanken und unterstütze liebevoll und achtsam alle, die sich in Wachstums- und Reifungsprozessen befinden."

Luise ist hin und weg. Kein Wunder, dass sie sich bei der Buche so unendlich wohl fühlt - die Buche ist ja eine richtige Urmutter in Baumgestalt! Und dann dieser Name: *Mariella* ... das klingt so weich, so heimelig, so schön. *Mariella* – hat das etwas mit Mutter Maria zu tun? Etwa mit DER Mutter Maria?

„Mein Name verrät viel über mich" erklärt die Buche geduldig, „du kannst jede Menge daraus ableiten. Natürlich ist der Stamm meines Namens MARIA, was auf Mutter Maria, also die heilige Mutter, hinweist. Kinder kürzen meinen Namen gerne ab und sagen statt *Mariella* nur *Ma* zu mir, manche nennen mich auch lieber *Mama* als *Ma*. Wenn du von meinem

Namen den ersten und die beiden letzten Buchstaben wegstreichst, dann entdeckst du in dem Namen *Mariella* das Wort *Ariel*, was mit der Umschreibung „leuchtende Erde" übersetzt werden kann. *Ariel* ist der Name des Erzengels, der der Erde zugesprochen ist. Er steht der Natur sehr nahe und ist ein ganz wundervoller Mittler zwischen Menschen und Naturwesen. Oft wird er mit einer Schriftrolle dargestellt oder als Patron der Autoren bezeichnet. Und was brauchen Autoren zum Schreiben? Natürlich mich - die Buche!"

Luise ist entzückt. Soviel kann man schon nur alleine aus dem Namen heraus erkennen? Da muss sie doch direkt einmal darüber nachdenken, wofür ihr eigener Name steht …

Oho, auch nicht schlecht! Vom althochdeutschen Namen *Aloisia* abstammend, bedeutet Luise *„die Weise."* Na, bei dem Namen und mit Hilfe der inspirierenden Energie von *Mariella* dürfte das mit dem Bücher schreiben ja jetzt mal so richtig leicht „fluppen"…

In aller Ruhe packt Luise erneut ihre Reisenotizen aus und beginnt zu schreiben. Buch(e)staben für Buch(e)staben - die Worte fließen nur so aus ihr heraus. Sind es ihre eigenen Worte? Oder ist es *Mariella*, die ihr souffliert? Oder macht sich hier jetzt tatsächlich klammheimlich ein netter kleiner *Higo* ans Werk, der zufällig in gerade dieser Buche eine Einliegerbude bewohnt?

Expedition VII
Blickwinkel

„Meine Güte!" konstatiert Luise euphorisch bei der Aufzeichnung ihrer Expeditionsberichte „was hab' ich schon alles erlebt. Die Erde ist wirklich ein ganz besonderer Schatzpool, das hat man von oben, also von Wolke 7 aus, im Einzelnen gar nicht so sehen können. Wieder einmal freut sie sich darüber, dass sie es trotz anfänglicher Bedenken, das Paradies der Einheit von W7 zu verlassen und in die Ungewissheit der irdischen Dualität einzutauchen, letztendlich doch mutig und beherzt gewagt hat, diesen großen Schritt zu gehen. Es ist schon ein himmelweiter Unterschied, ob man bei den W7 Versammlungen den Berichten der Rückkehrer von der Erde nur zuhört, oder ob man etwas selber, also am ganzen Leib, sozusagen *mit Haut und Haar* erlebt!

Während sie mit großer Sorgfalt ihre Reisenotizen sortiert, laufen alle ihre bisherigen Erlebnisse wie ein spannender Kinofilm vor ihrem inneren Auge wieder ab: ihre Flucht vor der gefürchteten Burn-out-Medaille, ihre Erlebnisse mit den wundervollen Naturschätzen, ihre Freundschaft mit dem Efeu, welches ihr so viele schöne Erkenntnisperlen geschenkt hat, ihr Treffen mit der Birke, die ihr das Tanzen beigebracht hat, die Stechpalme, die ihr beim inneren Gemütschaos so hilfreich zur Seite gestanden hat, und jetzt Mutter Buche, an deren Stamm man sich so himmlisch geborgen und so liebevoll beschützt fühlen kann … Luise wird es ganz warm ums Herz. Unweigerlich muss sie bei diesen Gefühlen an ihr Basiscamp denken. Auch dort hat sie so viel Geborgenheit und Liebe bekommen. Leise Wehmut beschleicht sie und nistet sich mehr und mehr in ihrem Herzen ein. Jetzt erst merkt Luise, wie sehr ihr die Eltern und ihre beiden geliebten Seelenschwestern Susanne und Maria aus dem Basiscamp fehlen. „Höchste Zeit für einen Besuch" denkt sie, und packt entschlossen ihre Sachen zusammen. Ja, es ist wirklich höchste Zeit …

Im Basiscamp ist gedrückte Stimmung. Luises Vater, der die Basisstation schon 72 Jahre lang perfekt leitet, hat sich unabwendbar dazu entschlossen, den irdischen Ruhestand anzutreten und seinen Platz im Himmel auf Wolke 7 wieder einzunehmen.

Luise ist sehr, sehr traurig. In dieser Situation scheint es keinen Trost zu geben. Ganz eng rücken sie zusammen, Luise, Susanne, Maria und Mutter Anna. Es tut ihnen gut, in dieser traurigen Situation in Liebe füreinander da zu sein.

„Komisch" denkt Luise lethargisch „wieso macht uns das so fertig? Eigentlich wissen wir doch, dass es auf Wolke 7, wo wir ausnahmslos alle herkommen und wo wir am Lebensende ausnahmslos alle wieder hingehen, schön ist! Naja, aber auf der Erde ist es eben auch schön … und auf der Erde zu sein mit den Menschen, die man liebt – das ist mit Abstand das Allerschönste! Luise seufzt betrübt in sich hinein. Vielleicht würde eine Portion Hi helfen, mit dem endgültigen Abschied vom Vater besser klarzukommen?

Ihr Blick fällt auf ein Fläschchen mit Notfalltropfen von Dr. Bach. Ah, gut, die haben jetzt alle bitter nötig. Luise genehmigt sich einen großen Schluck und fällt, von der heilenden Kraft der Bach Blüten gestützt, in einen sanften Schlaf. Und im Traum erhält sie endlich die Hi Botschaft, die sie so sehnlich erwartet hat:

Bedenke, Luise, du bist nicht allein, der Abschied wird nicht endgültig sein. Nur der Körper verlässt den weltlichen Ort - die Seele jedoch ist <u>niemals</u> fort. Auch wenn die irdische Form mag scheiden, das Band der Liebe wird immer bleiben. Dein Vater, Luise, lässt dich nicht allein - er wird ab sofort dein Schutzengel sein!

Luise erwacht. Was hat sie denn da geträumt? Sie ist immer noch traurig, aber irgendwie durch die himmlische Traumbotschaft auch ein ganz kleines bisschen getröstet. Vor lauter Kummer hatte sie gar nicht begriffen, dass der Tod nicht nur ein Ende ist, sondern gleichzeitig auch ein neuer Anfang – eben nur auf einer anderen Ebene!

Zugegeben, in der momentanen Situation hilft diese Erkenntnis herzlich wenig. Es ist und bleibt die traurigste und schwierigste Lektion des Lebens, dieses *loslassen* von geliebten Menschen, darüber sind sich Luise, Susanne, Maria und Mutter Anna total einig. Doch es hilft alles nichts, sie müssen da jetzt durch. Luise kuschelt sich ganz eng an ihre Seelengeschwister und an ihre Ma heran. Ah - das tut erst mal gut. Wie geht es jetzt weiter?

Luise hat keine Ahnung. Irgendwie, so hofft sie, wird die Zeit die Traurigkeit mildern, das hat ihr auf jeden Fall jemand auf der letzten Schatzparty erzählt. Und dann hat sie plötzlich diese total verrückte Idee: Wir feiern eine Party - eine *Dankeschönparty*! Dazu sind alle eingeladen, die auf irgendeine Weise schon einmal einen Verlust erlebt haben. Wir stellen eine große, weiße Leinwand auf, auf die jeder etwas schreiben kann - sein ganz persönliches Dankeschön an die Person, die er, aus welchen Gründen auch immer, loslassen musste.

„Gute Idee", sagt Susanne begeistert „ich könnte ein großes Blech Seelentrostkuchen backen."

„Wunderbar" freut sich Luise. Aus eigener Erfahrung weiß sie bereits, wie unbeschreiblich köstlich Susannes Seelentrostkuchen ist. Naja, kein Wunder, schließlich ist Susanne eine absolute Spitzenköchin.

„Und ich könnte die Notfalltropfenbowle machen" sagt Maria nun eifrig.

„Klasse" jubelt Luise glücklich. Auf Maria kann man sich immer zweihundertprozentig verlassen! Und dann erklärt sich auch noch Mutter Anna dazu bereit, eine Mammutportion Glückspudding für alle zu kochen. Perfekt! Die Party kann steigen!

Die ersten Gäste treffen ein. Alle haben riesig dicke Rucksäcke mit, in denen sie ihr persönliches Leid aufbewahren. Plötzlich ist sich Luise gar nicht mehr so sicher, ob das wirklich so eine gute Idee gewesen ist mit der Party. Nervös bestellt sie eine Expresslieferung Himmelsinspiration und wartet angespannt auf ein rettendes Zeichen, während sie aufgewühlt ihren Lieblingstalisman zwischen ihren Fingern hin und her knetet. Vor lauter Nervosität fällt er ihr aus der Hand und plumpst mit einem kräftigen Aufschlag zu Boden. Oh je, auch das noch!

Schnell sammelt sie ihn wieder auf und kontrolliert, ob er ganz geblieben ist. Ja, Gott sei Dank, alles heil geblieben. Luise liebt dieses kleine, flache Hölzchen in Form einer kreisrunden Scheibe. Die eine Seite der Scheibe ist hell, so dass man die Maserung des Holzes bis ins Kleinste erkennen kann. Die andere Seite des Talismans ist mit dunkelbraunen Pigmenten so stark übersät, dass sie wie eine einzige, dunkle Fläche wirkt. Gedankenverloren starrt Luise auf das Hölzchen: hell und dunkel …das ist ja wie …hm, das ist ja wie Licht und Schatten in ein und demselben Stück! Sollte das etwa die ersehnte Hi Botschaft sein? Und wie ferngesteuert läuft Luise nun schnurstracks zur Leinwand hin und schreibt mit einem dicken Filzstift quer oben drüber das auffordernde Motto:

Kläre deine Sicht:
Wo Schatten ist, da ist auch Licht!

Und in etwas kleinerer Schrift setzt sie ergänzend in leuchtend gelb darunter:

Konzentriere dich auf die helle Seite,
dann suchen die Schatten von selber das Weite!

Glücklich dreht sie sich zu den anderen um – und schaut in lauter verwirrt dreinblickende Augenpaare. Der Gast, der direkt neben der Leinwand steht, poltert ungehalten los: „Was soll denn das heißen: *Kläre deine Sicht: Wo Schatten ist, da ist auch Licht?*

Plötzlich ist es ganz still im Raum, alle warten gespannt auf Luises Erklärung. „Eigentlich gibt's da gar nicht so viel zu erklären" sagt Luise bedachtsam „Ein Schatten ist eine unbeleuchtete Fläche hinter einem beleuchteten Körper. Wenn du dich zum Beispiel bei Sonne so hinstellst, dass die Sonne dich von vorne wärmt, dann wird hinter dir, bedingt durch deinen Körper, automatisch ein Schatten entstehen. Folglich kann also ein Schatten nur dort entstehen, wo auch Licht ist, richtig? Wenn also ein Schatten immer nur da auftreten kann, wo es auch Licht gibt, dann hat man doch eigentlich immer die freie Wahl, ob man sich lieber dem Licht, oder lieber dem Schatten zuwendet, stimmt's?

„Ich hab's" ruft Felix aufgeregt mit vollem Mund dazwischen, während er bereits sein drittes Stück Seelentrostkuchen genüsslich verdrückt, „Wir sind im Schatten, wenn wir in der Trauer um die Person, die wir loslassen mussten, stecken bleiben. Wenn wir uns aber voller Dankbarkeit an all das Schöne erinnern, was wir gemeinsam erlebt haben, dann ist es so, als ob wir wieder ins Licht schauen, nicht wahr?"

Typisch Felix! Er macht seinem Namen wieder einmal alle Ehre: Felix - der Glückliche. Er hatte schon immer ein gutes Händchen für die Sonnenseiten des Lebens. Kein Wunder, dass gerade er das Motto der Party sofort verstanden hat. Energisch geht er an die Leinwand und schreibt mit einem knallroten Filzstift eine Botschaft an die Person, die er vor einiger Zeit schmerzhaft hat loslassen müssen. Er schreibt:

Du bist im Herzen mein Geleit.
Ich danke dir für die tolle Zeit.

Darunter malt er in der gleichen Farbe geschickt ein rotes Herzchen und eine dicke rote Rosenknospe, in deren Mitte er schwungvoll die Worte *merci, chérie* platziert.

Zögernd folgen einige Gäste seinem Beispiel, doch dann - von Marias Notfallbowle beschwipst - haben schließlich alle den Mut, ein Dankessprüchlein auf der Leinwand zu verewigen.

Und als sie spät abends von der Party nach Hause gehen, stellen sie alle verwundert fest, wie federleicht ihre Rucksäcke auf einmal geworden sind!

Expedition VIII
Liebesbaum

Die Dankeschönleinwand ist wirklich der Hit! Jedes Mal, wenn Luise draufschaut, entdeckt sie etwas Neues. Manche Gäste haben bunte, wunderschöne Bilder mit Herzen und Blumen gemalt, andere wiederum haben ellenlange, romantische Liebesgedichte geschrieben. Eins ist auf jeden Fall klar: Die Dankeschönleinwand steckt voller Liebe! „Schade, dass ich sie nicht mitnehmen kann" denkt Luise mit einem dicken Seufzer „mit so viel Liebe gespickt wäre die Leinwand das absolut perfekte Navigationssystem für meine nächste Expedition." Luise hat sich nämlich ein ganz besonderes Ziel gesteckt: Sie will den Baum der Liebe finden. Auf der Party hat ihr Felix – wer sonst! – davon erzählt.

„Unter dem Baum der Liebe habe ich meine Liebste das allererste Mal geküsst" verkündet er mit leuchtenden Augen. „Das war damals, auf dem Dorffest, beim Tanz um den Liebesbaum." Und dann hört er nicht mehr auf zu schwärmen…

„Liebesbaum? Wie sieht der denn aus?" will Luise jetzt unbedingt wissen.

Bereitwillig greift Felix zu Papier und Buntstiften und malt ihr eine Skizze auf.

??? Was soll denn das sein? Zwei dunkelbraune, senkrechte Striche symbolisieren den Stamm. Vom Stamm aufwärts zeichnet er dicke und dünne Linien, die die Äste darstellen sollen. Die Äste sind übersät mit Blättern, die wie lauter kleine grüne Herzen aussehen. Und zwischen die Blätter malt er noch jede Menge kleine dünne Stiele mit dicken weißen Punkten - das sollen die Blüten sein.

Luise will nicht meckern – Felix hat wirklich ganz viele tolle Talente – aber Zeichnen gehört augenscheinlich so gar nicht dazu. Egal! Beherzt packt sie die Zeichnung ein und ist fest dazu entschlossen, den Baum der Liebe selber zu finden. Zur Not kann sie sich ja jederzeit eine Ladung Hi bestellen, das hat in der Vergangenheit doch auch immer gut funktioniert …

Den Baum der Liebe - woran soll sie denn den bitte schön jetzt erkennen? Die Skizze von Felix bringt ihr, erkennungstechnisch gesehen, wirklich rein gar nichts. Ganz viele Bäume hat Luise schon anvisiert - ohne Erfolg! Jetzt ist sie doch ein wenig ratlos. Sie bestellt eine Ladung Hi und hofft auf einen brauchbaren Hinweis.

Die himmlischen Ratgeber lassen sich mal wieder jede Menge Zeit. Was soll das, denkt Luise verärgert, sind da oben alle im Urlaub, oder was? Gerade als sie dabei ist, eine deftige Beschwerde an das himmlische Callcenter zu senden, erreicht sie dann doch noch ein postkartengroßes Inspirationspaket. Naja, das ist nicht gerade viel, aber vielleicht hilft der Inhalt weiter?

Ungeduldig reißt Luise das Päckchen auf, und findet: eine Paket Papiertaschentücher mit dem Schriftzug:

Immer der Nase nach!

Ha, ha – sehr witzig!

Der himmlische Humor ist echt gewöhnungsbedürftig, findet Luise. Da sie aber bis jetzt auf eigene Faust keinen brauchbaren Wegweiser zum Baum der Liebe entdeckt hat und von der bisher erfolglosen Suche gerade die Nase gestrichen voll hat, schnäuzt sie erst einmal kräftig in die himmlischen Papiertaschentücher hinein. Das zaubert zwar noch lange keinen Liebesbaum her, aber zumindest kann sie wieder besser durchatmen. Tut gut, die Luft so richtig tief einatmen zu können… ah, herrlich!

Und dann steigt Luise plötzlich ein ganz zarter Duft in die Nase. Hm, wonach riecht es denn hier? Der Duft wird intensiver: süß, und doch irgendwie auch würzig, ein bisschen wie Honig. Wie hypnotisiert folgt Luise dem nun immer stärker werdenden Duft.

Eine Biene pfeift eilig an ihrem Kopf vorbei, dann noch eine, und noch eine – ist hier irgendwo ein Nest? Wo wollen die denn alle so eilig hin?

Neugierig verfolgt Luise die Flugroute der Bienen und beobachtet fasziniert, wie alle Bienen den gleichen Baum ansteuern und sich sodann wie wild in die volle Blütenpracht hineinstürzen.

„Wie beim Sommerschlussverkauf" denkt Luise amüsiert, „Dieser Baum muss ja was Tolles zu bieten haben!" Sie geht näher heran und bemerkt verdutzt, dass der betörende Duft den kleinen, weißen Blüten entströmt. Aha, Bäume benutzen also auch Parfüm?

„Nein, nein" lacht die Linde nun herzlich „ich brauche kein Parfüm, das ist mein eigener Duft!"

„Kompliment", sagt Luise anerkennend „das kann dir sicher so schnell keiner nachmachen." Unvermittelt muss sie an ihre erste Schatzparty zurückdenken. Beim *Lob-Boogy-Woogy* hatte ihr jemand das Kompliment gemacht: „Ich kann dich gut riechen." Wenn man jemanden gut riechen kann, dann ist dieser jemand beliebt – wie beliebt musste also erst dieser herrlich duftende Baum hier sein!

„Da hast du ja direkt im Null-Komma-Nichts meine Bestimmung herausgefunden" sagt die Linde nun anerkennend zu Luise, „in dem Wort *beliebt* steckt nämlich das Wort *Liebe*. Und die Liebe ist mein Metier, wie du an meinen Blättern unschwer erkennen kannst."

Neugierig unterzieht Luise den Baum nun einer eingehenden Betrachtung: Tatsächlich, jedes einzelne Blatt hat die Form eines Herzens, und die Silhouette der Baumkrone insgesamt ist ebenfalls herzförmig. So gesehen war die Zeichnung von Felix doch nicht so schlecht!

„Du musst jetzt nur noch den ISDL-Anschluss aktivieren, dann können wir uns besser unterhalten" ergreift die Linde nun wieder das Wort.

ISDL-Anschluss? Was ist das denn? Dafür braucht man doch sicher einen Stecker? Und eine Steckdose? Eifrig sucht Luise den Boden Zentimeter für Zentimeter ab, und findet: Nichts! So ein Mist, denkt sie verdrossen, wo soll denn hier, mitten in der Natur, ein ISDL-Anschluss sein? Mutlos lässt sie sich am Stamm der Linde nieder.

„Gut gemacht, Luise" sagt die Linde mit sanfter Stimme. „Der ISDL-Anschluss ist jetzt aktiv."

Luise ist verwirrt. Sie hat doch gar nichts finden können... oder hat sie sich vielleicht zufällig gerade am Stamm der Linde auf einen verdeckten Schalter gesetzt?

„Für den ISDL-Anschluss brauchst du doch keinen Schalter" lacht die Linde nun herzhaft. „ISDL heißt: Im Schoß der Linde! Und da bist du jetzt ja auch gut gelandet."

Luise grinst in sich hinein: „ISDL - Im Schoß der Linde." Eigentlich logisch – wenn man's weiß!

„Der ISDL-Anschluss hat noch eine weitere Funktion" erklärt die Linde nun mit weicher Stimme weiter. „Wenn die Menschen eine Weile in meinem Schoß gesessen haben, dann wird diese zweite ISDL Funktion ganz von selber aktiv. „Im Schoß der Linde" wird dann automatisch zu: „Im Schoß der Liebe". Das Modul „Liebe" ist so konzipiert, dass es sich völlig mühelos von meinem Basisanschluss abkoppeln lässt, so dass die Menschen es nach ihrem Besuch bei mir mit nach Hause nehmen können. Je mehr Liebesmodule abgepflückt werden, desto mehr wachsen nach. Gut, nicht wahr?"

Luise hat Schuhe und Strümpfe ausgezogen und es sich im Schoß der Linde bequem gemacht. Sie ist, im wahrsten Sinne des Wortes „von den Socken". „Wow", sagt sie beeindruckt, „das ist ja genial!" Sie überlegt, wie viele Module sie pflücken soll, damit auf der nächsten Schatzparty auch jeder eins mitnehmen kann.

„Übrigens", spricht die Linde munter weiter „von der Anzahl her ist es völlig ausreichend, wenn du nur ein Modul einsteckst. Die Liebe ist nämlich hochgradig ansteckend."

„Umso besser", freut sich Luise, „dann brauche ich nicht so schwer zu tragen." Und dann streckt sie sich, wohlig gähnend, vom süßen Honigduft betört, der Länge nach aus und lässt sich von dem sanften Klang der Linde einhüllen.

„Wie gesagt" erzählt die Linde mit zärtlich weicher Stimme weiter, „die Liebe ist mein Metier. Meine Baumkrone sieht aus wie ein auf den Kopf gestelltes Herz, daran kannst du sehen, dass jeder bei mir richtig ist, dessen Herz gerade irgendwie Kopf steht. Unzählige romantisch-feurige Liebesgeschichten haben unter dem Schutz meines herzförmigen Blätterdaches schon begonnen..." und leicht errötend fügt sie stolz hinzu: „Stell' dir vor, Luise, selbst der große Dichter Johann Wolfgang von Goethe hat mich schon besucht und in mehreren seiner Werke über mich geschrieben, und Hermann Hesse hat mich in der Erzählung *Lindenblüte* ganz groß rausgebracht."

„Es gibt auch jede Menge Lieder über dich" ruft Luise nun aufgeregt dazwischen, und übermütig fängt sie an zu trällern: *„Am Brunnen vor dem Tore, da steht ein Lindenbaum. Ich träumt' in seinem Schatten, so manchen schönen Traum ..."*

„Ja", bestätigt die Linde sinnierend, „über mich ist schon viel gedichtet und gesungen worden. Vielleicht liegt es daran, dass die Menschen in meiner Gegenwart ihre Herzen und ihre eigene Liebesfähigkeit so stark spüren. Du kannst dir gar nicht vorstellen, Luise, wie viele Liebesschwüre ich schon gehört habe. Die Menschen tanzen um meinen Stamm herum und sind wie beflügelt. Aber manchmal machen sie sich auch aus falsch verstandener Liebe zu stark voneinander abhängig. Wenn dann plötzlich einer von beiden aus der Liebesbeziehung ausbricht, dann tröste ich den, der verlassen worden ist, und lindere behutsam seine Schmerzen. Als *Linde* kann ich, wie mein Name schon verrät, ganz vortrefflich *lindern*. Mittlerweile bin ich eine wirklich gute Expertin in Liebesangelegenheiten geworden. In dieser Funktion bin ich für alle da - sowohl für die im Glücksrausch der Liebe Schwebenden, als auch für all diejenigen, die in Liebesbindungen verletzt oder enttäuscht worden sind. Ich kümmere mich um gebrochene Herzen und stärke mit meiner Heilenergie Lebenskraft und Lebensfreude. Außerdem lässt sich aus meinen Blüten ein ganz köstlicher Tee zubereiten, der bei Erkältungskrankheiten wunderbar entzündungshemmend wirkt. Auch bei Blasenentzündungen und Kopfschmerzen bringe ich wohltuende Linderung, und bei...

Liegt es an der sanften Stimme der Linde? Oder an ihrem betörenden Duft? Oder an dem gleichmäßigen Summen der Bienen? Luise ist auf einmal so schläfrig zumute, dass sie ihre Augen nicht weiter offen halten kann. Selig schlummert sie im Schoß der Linde ein, und träumt - wie kann es unter diesem Baum anders sein – von der Liebe!

Es ist Dorffest in Glückshausen. Die Sonne scheint, das Dorf ist geschmückt, die Lindenblütenbowle fließt in Strömen. Alle Dorfbewohner haben sich fein gemacht zum Fest. Luise trägt ihr Lieblingskleid aus weißer Baumwolle mit Spitzen. In die Haare hat sie sich bunte Blüten geflochten. Erwartungsvoll sitzt sie am äußeren Rand der um die Linde errichteten Tanzfläche. Ob sie wohl einer auffordern wird? Die Musik fängt an zu spielen – einen Walzer! Wie schön! Und nun kommt tatsächlich ein fescher Bursche namens Amor auf Luise zu und fordert sie zum Tanzen auf. Luise freut sich. Beschwingt tanzen sie ein paar Takte zusammen, doch dann wird Luise auf einmal ganz schummrig zumute. Hat sie etwa zu viel Lindenblütenbowle getrunken? Sie hat plötzlich so ein ganz undefinierbar komisches Gefühl... so, als hätte sie Schmetterlinge im Bauch!

Aber: nicht unangenehm… nein, ganz und gar nicht unangenehm! Und ihr Herz pocht auf einmal so schnell, dass sie beim Tanzen fast aus dem Takt kommt. Liebevoll grinst Amor sie an und flüstert ihr leise ins Ohr: *„Wenn dich wahre Liebe packt, dann schlägt dein Herz in neuem Takt."* Wie wahr, wie wahr! Dieser neue Takt ist einfach himmlisch! Luise tanzt wie in Trance. Kann es sein, dass die Sonne jetzt noch viel heller scheint als eben, und dass die ganze Welt bis in den allerletzten Winkel hinein plötzlich freundlicher aussieht?

Ein sanftes Kitzeln weckt Luise aus ihren Träumen: Ein bunter Schmetterling hat sich ganz sachte auf ihrem Arm niedergelassen. „Gott sei Dank habe ich den nicht wirklich verschluckt" denkt Luise noch schlaftrunken. Aber das Glücksgefühl aus dem Traum – das ist ihr geblieben. Die Liebe! Was für ein Schatz! In Gedanken ruft sie Amor ein herzliches *Dankeschön* zu. Glücklich greift sie nach ihrem Reisetagebuch, um die Liebe darin zu beschreiben – und stellt fest, dass es für die Liebe keine Worte gibt. Doch dann fällt ihr plötzlich ein Gedicht ein, und sie notiert - in Herzchen eingerahmt:

Die Liebe ist die größte Kraft – sie ist es, die Heilung schafft. Mag es auch dunkle Gedanken geben – die uns erreichen, die uns quälen - dann hüllen wir sie in Liebe ein – so werden sie still, so werden sie klein. Die Liebe löst das Dunkle auf – so nimmt Heilung ihren Lauf. Die Linde hat es mir verraten – einfach so, beim Träumen und Warten: Die Liebe heilt alles, das ist gewiss – alles ist gut, wo Liebe fließt.

Expedition IX
Herzenslicht

Luise ist glücklich. Der Besuch bei der Linde hat ihr Herz beschwingt. Die Liebe ist wirklich das Allerbeste! Luise kann es gar nicht erwarten, die Liebesschwingungen auf ihrer nächsten Schatzparty zu verteilen. Sie hat ein paar Lindenblüten gepflückt, daraus wird sie einen süßen, mit viel Liebe gewürzten Lindenblütensirup kochen … schon beim Gedanken daran fühlt sie sich herrlich glücklich beschwipst.

Verträumt schweift ihr Blick in die Weite: die aufgehende Sonne, die blühenden Wiesen, die wild wachsenden Blumen, die prächtigen Bäume, die funkelnden Tautropfen auf den Grashalmen … alles sieht so frisch und friedlich aus. Die Vögel zwitschern munter ein Gutenmorgenlied.

Luise macht es sich auf einer Lichtung gemütlich und schmökert in ihren Reiseaufzeichnungen. *„Die Liebe ist die größte Kraft - sie ist es, die Heilung schafft."* Hatte Franz auf ihren gemeinsamen Unternehmungen in Assisi nicht auch immer wieder von der Liebe gesprochen? Unwillkürlich summt Luise leise das Lieblingslied von Franz, den Sonnengesang. Wie war der Text doch noch gleich? Ach ja: *Sei gelobt, mein Herr, mit allen deinen Geschöpfen… Bruder Sonne, der den Tag bringt und erleuchtet, Schwester Mond und die Sterne – an den*

Himmel hast du sie gestellt, klar und kostbar und schön ... Sei gelobt durch Bruder Wind und die Lüfte, durch Schwester Wasser, durch Bruder Feuer, durch unsere Mutter Erde ... Sei gelobt, mein Herr, durch jene, die verzeihen um deiner Liebe willen, und Unsicherheit und Traurigkeit ertragen. Selig, die in Frieden verharren ...

So ein schöner Text! Eine gelungene Liebeserklärung an den Chef und die Welt, die er erschaffen hat.

Diese Welt ... Luise kommt unweigerlich ins Grübeln. Sie will nicht meckern – der Chef hat die Erde wirklich perfekt erschaffen. Merkwürdig ist nur, dass die ganze Pracht an manchen Tagen ganz unsagbar glücklich macht, und an anderen Tagen wiederum das Herz so gar nicht zu erreichen scheint ... An solchen Tagen scheint alles Licht der Welt plötzlich in Dunkelheit getaucht zu sein. Zwar weiß Luise, dass das Licht nach wie vor da ist, aber sehen kann sie es in solchen Augenblicken nicht. Je mehr sie sich in diese Gedanken verliert, desto mutloser wird sie – und ehe sie sich versieht, ist ihr Herz von einer dunklen Wolke umnebelt.

„Na prima" denkt sie grimmig, „jetzt ist es wieder soweit." Diese Wolken mag sie gar nicht!

Seufzend legt sie sich auf der Lichtung ins weiche Gras und versucht mit aller Kraft, diese dunklen Gedanken zu verbannen. Doch es gelingt ihr nicht. Leise weint sie vor sich hin und kommt sich unendlich alleine vor ...

„Luise!"

Hat jemand gerufen? Verwirrt schaut Luise sich um. Nein, keiner da. Ihr inniger Wunsch nach einem Menschen, bei dem sie ihr Herz jetzt ausschütten könnte, hat ihr wohl einen Streich gespielt ...

„Luiiiiiiiiiiise!"

Doch! Da war was! Jemand HAT gerufen! Jetzt kneift Luise die verweinten Augen zu kleinen Schlitzen zusammen, um ihren Blick zu schärfen. Aber sie kann niemanden entdecken. Zaghaft entschlüpft ihr ein mit weinerlicher Stimme geschluchztes „*Hallo*" mit 1000 Fragezeichen.

„Luise, du musst doch nicht traurig sein, ich bringe Licht in dein Herz hinein."

Luise starrt angestrengt in die Richtung, aus der die Botschaft kommt und sucht mit den Augen jeden Zentimeter der Lichtung ab.

Nein, da ist wirklich keiner!

Aber sie entdeckt, nur ein paar Zentimeter von ihren Füßen entfernt, eine wunderschöne Pflanze mit herrlichen, goldgelben Blüten. Alle Pflanzentriebe sind schräg nach oben gerichtet, es sieht fast so aus, also ob die Pflanze ihre grünen Arme zu einer liebevollen Umarmung ausgebreitet hätte, in die man sich nur noch genüsslich hineinfallen lassen müsste.

„Hast du mich gerufen?" fragt sie verzagt in Richtung Blume.

„Ja" strahlt das Johanniskraut zurück „ich hab' dich gerufen. Schön, dass du mich gehört hast, meine Stimmbänder sind nämlich nicht so gut ausgebildet. Meine Botschaften sende ich normalerweise nicht über die Sprache, sondern eher visuell – wenn du verstehst, was ich meine."

„Das glaube ich dir aufs Wort" sagt Luise beherzt, während sie vorsichtig näher krabbelt, um sich in die Blütenpracht der Pflanze zu vertiefen. Diese Blüten… so schön … wie kleine, goldgelbe Miniaturwindräder, aus deren Mitte eine Fülle von zartgelben Fäden, einem Feuerwerk gleich, nach außen sprießen. „Wie ganz viele kleine, strahlende Sonnen" entschlüpft es Luise anerkennend.

„Ja" bestätigt das Johanniskraut freudig, „genau das ist mein Auftrag hier auf Erden: Ich bringe Sonne und Licht in die Herzen."

Na, das passt ja mal wieder perfekt, denkt sich Luise im Stillen und sendet spontan in Gedanken ein inniges *Dankeschön* Richtung Himmel. „Bin ich froh, dass du da bist" sagt sie nun laut dem Johanniskraut zugewandt, und ein dicker Seufzer der Erleichterung entfährt ihr dabei, „gerade hatte ich nämlich ein ziemlich blödes Stimmungstief."

„Ich weiß" lächelt das Hypericum strahlend „genau deswegen habe ich dich ja gerufen!"

Luise versenkt sich nun ganz in die Betrachtung dieser lichtvollen Pflanze. Die vielen kleinen Blütensonnen strahlen so prachtvoll, dass die dicke Wolke, die Luises Herz noch vor wenigen Augenblicken so gequält hat, mehr und mehr von diesem Licht durchflutet wird, bis sie sich ganz und gar in Wohlgefallen auflöst. Und nur durch dieses intensive Betrachten, also ganz ohne Worte, empfängt Luise die Botschaft des Johanniskrauts:

Fühlst du dich depressiv und klein, dann lass' mich dein Begleiter sein. Ich bringe Licht in Dunkelheit und erhell' dein Gemüt in schwerer Zeit. Ist deine Stimmung auf null gesunken, dann sprüh'n meine Blüten für dich Funken. Sanft erleuchten sie dein Herz und tilgen deinen Seelenschmerz. Ich mache deine Nerven stark, so lebst du glücklich und autark. Trübsinn wandle ich um in Wonne – ich bin deine innerliche Sonne.

Wow! Was für eine Himmelspflanze! Luise ist von der sonnigen Energie des Hypericums ganz bezaubert. Tatsächlich hat es diese Pflanze gerade ganz ohne Worte geschafft, Luise aus ihrem Tief herauszuholen.

„Darf ich etwas von dir ernten?" fragt sie schüchtern. „Ich würde so gerne meine Freunde auf der nächsten Schatzparty mit deiner sonnigen Energie erfreuen."

„Liebend gerne" erwidert das Johanniskraut, „am besten pflückst du mich jetzt, wo ich in voller Blüte stehe. Wenn du meine Blüten in Alkohol konservierst, dann kannst du daraus eine heilbringende Tinktur erstellen, die nicht nur innerlich die Nerven stärkt, sondern auch Nervenverletzungen auf körperlicher Ebene wunderbar ausheilen kann. Oder du legst meine Blüten in ein gutes Öl ein, dann kannst du mich zu feinstem Massageöl verarbeiten und deine Gäste auf der Party mit einer wohltuenden Massage überraschen."

Luise ist entzückt. Ganz, ganz vorsichtig, um dem Johanniskraut nur ja nicht weh zu tun, pflückt sie ein paar kleine Sonnen ab. Vor lauter Eifer zerdrückt sie beim Pflücken aus Versehen ein paar Blüten - und hat auf einmal ganz rote Hände. „Oh", ruft sie erschrocken aus „du blutest ja!"

„Keine Panik" lächelt das Hypericum zurück, „das ist nur mein Hypericingehalt. Im Hypericin steckt die Kraft, die aus Stimmungstiefs heraushilft. Schön, nicht wahr? Du wirst sehen, Luise, wenn du meine Blüten in Öl einlegst, dann wird das Öl ganz schnell eine leuchtend rote Farbe annehmen."

Was es alles gibt, denkt Luise nun beruhigt, und dann malt sie sich beim Pflücken in den schillerndsten Farben aus, wie sie ihre Freunde mit dem heilbringenden Öl mal so richtig verwöhnen wird. „Danke dir" sagt sie beglückt, „du hast mich echt gerettet. Gibt es denn auch etwas, was ich für dich tun kann? Obwohl – so wie du strahlst…"

„Ja doch" erwidert das Johanniskraut freudig „du kannst etwas für mich tun. Du weißt ja nun, dass Reden nicht so mein Ding ist. Es wäre schön, wenn du den Menschen von mir erzählen würdest. Dann können sie mich aufsuchen, wenn sie sich traurig oder hoffnungslos fühlen, und ich kann ihnen wohltuen. Wenn ich dann sehe, wie die dunklen Stimmungen mit meiner Hilfe in Hoffnung und Seelenfrieden umschlagen, dann freue ich mich und strahle umso mehr."

Nichts leichter als das, denkt Luise, während sie zärtlich über die lichtvollen Blüten streicht. „Das werde ich ganz bestimmt tun" sagt sie euphorisch, „du bist nämlich ein echtes Himmelsgeschenk!" Und dann packt sie ganz vorsichtig ihre neuen Schätze ein, haucht dem Johanniskraut einen süßen Luftkuß entgegen, und macht sich leichtfüßig auf den Weg.

Ah, da ist ja wieder die Zivilisation! Neugierig schaut Luise sich um. Sie ist in einem keinen Dorf gelandet mit schmucken Häuschen und einem einladenden Dorfplatz. Verschwörerisch winkt sie einer prächtigen Linde zu, die in der Mitte des Dorfplatzes residiert. Die Linde antwortet mit freudigem Blätterrascheln. Gerade will Luise unter der Linde ein kleines Päuschen einlegen, als sie durch laute Klopfgeräusche gestört wird.

Hey, wer hämmert denn da so wild? Luise schaut sich um. In einer kleinen Gasse, unmittelbar am Rande des Marktplatzes, werden die Geräusche lauter. Neugierig schleicht Luise sich näher an die Häuser heran und spinkst durch ein geschlossenes Fenster. Sie entdeckt einen Raum mit einem großen Feuerofen in der Mitte. Ein kräftiger Mann haut mit einem schweren Hammer auf ein glühendes Stück Eisen so lange ein, bis es sich verformt. Dann taucht er es mit einer Art Zange in ein großes Wasserbecken. „Was macht der denn da?" denkt Luise verwundert. Sie drückt ihre Nase noch etwas näher an die Fensterscheibe heran, doch leider kann sie nun gar nichts mehr sehen, weil alle Scheiben vom Wasserdampf ganz beschlagen sind. Doch dann geht die Türe auf, und der kräftige Mann kommt grinsend heraus.

„Traust dich wohl nicht hinein?" fragt er spitzbübisch. Luise wird vor Verlegenheit ganz rot im Gesicht.

„Ich wollte nur mal gucken …" stottert sie unsicher.

„Kannst ruhig reinkommen" posaunt der Mann mit einer kräftigen Bassstimme, „übrigens … ich bin DOC LUCKY, der Glücksschmied."

„Glücksschmied? Echt? Du schmiedest Glück? Bisher dachte ich immer, Glück muss sich jeder irgendwie selber erarbeiten?!"

„Ja, ja" lacht Doc Lucky gutmütig, „natürlich ist jeder von uns - mehr oder weniger - selbst für sein Glück verantwortlich. Aber manchmal, wenn es so gar nicht klappen will mit dem Glück, dann gebe ich den Menschen ein Hufeisen mit. Das Hufeisen ist ein Glückssymbol. Wenn man es sich an die Wand hängt, dann wird man immer daran erinnert, dass das Glück ganz nah ist … manchmal muss man vielleicht nur seine Perspektive ein wenig verändern, oder noch einmal *richtig* hinschauen."

Na, denkt Luise ein bisschen zweifelnd, der Doc hat sich wohl zum Frühstück eine extra große Portion *Positiv-Flocken-Müsli* einverleibt.

„Wie geht das denn mit dem Glück" will sie nun wissen.

„Weißt du", erwidert Doc Lucky daraufhin bedächtig, „die meisten Menschen sind sehr anspruchsvoll und haben verlernt, das Glück auch in den kleinen Dingen wahrzunehmen."

Und dann zeigt er mit seiner kräftigen Hand wortlos auf seine Arbeitsschürze, auf der in großen Lettern mit bunten Wollfäden ein Spruch vom heiligen Don Bosco eingestickt ist:

**Fröhlich sein, gutes Tun,
und die Spatzen pfeifen lassen!**

Expedition X
Schönheit

Puhhh … stöhnt Luise leise vor sich hin, jetzt ist der Rucksack aber wirklich zu schwer! Doc Lucky hatte sich nicht davon abbringen lassen, ihr zum Abschied ein paar Glückshufeisen einzupacken mit dem eindringlichen Rat:

Schau' nicht zurück – pack' JETZT das Glück!

Eigentlich ganz schön clever vom Doc, denkt Luise. In der Tat hatten die Zeiten, in denen sie sich unglücklich fühlte, ganz oft mit der Vergangenheit zu tun, oder mit der Zukunft – aber nur selten mit dem JETZT. „Das ist mir ja vorher noch nie aufgefallen" denkt Luise nun hellwach, und dann fängt sie an, für sich selbst in Gedanken eine „Analyse" zu erstellen:

Unglücksmomentgedanken

„Hätte ich doch damals… gemacht/ nicht gemacht/ gesagt/ nicht gesagt/ nicht erlebt…" Vergangenheit! Oder: „Wie soll das nur weitergehen…Werde ich je wieder …" Zukunft!

Glücksmomentgedanken

Oh, da fallen ihr jede Menge ein: Lob-Boogy-Woogy tanzen, schöne Blumen entdecken, mit Bäumen sprechen,

Liebesmodule pflücken, Schätze verschenken, das Süße im Bitteren entdecken … Eigentlich hatten und haben alle diese Glücksmomente das gleiche Muster, nämlich: Mit allen Sinnen in genau DIESEM Moment, im JETZT sein.

Franz hatte ihr damals, auf ihren gemeinsamen Wanderungen in Assisi, eine kurze Passage aus einem Buch vom Junior vorgelesen, irgendetwas über das Thema Sorgen … Luise kramt in ihrem Rucksack nach ihrem Reisetagebuch, in welchem sie sich eine kleine Passage der Predigt notiert hatte. Ah - hier ist es. Also, der Junior sagt:

„Macht euch keine Sorgen um euren Lebensunterhalt, um Essen und Kleidung. Leben bedeutet mehr als Essen und Trinken, und der Mensch ist wichtiger als seine Kleidung … Und wenn ihr euch noch so sehr sorgt, könnt ihr doch euer Leben um keinen Augenblick verlängern. Wenn ihr aber nicht einmal das könnt, was sorgt ihr euch um all die anderen Dinge?"

„Der Junior hat echt Ahnung", denkt Luise versonnen, „das ist ja total logisch, was der sagt! Was nützt es schon, sich Sorgen zu machen? Mit seinen Gedanken ist man in der Zukunft, malt sich einen schlechten Film aus, sitzt im übelsten Kopfkino fest – und verpasst darüber die großen und kleinen Glücksmomente im JETZT. Ja, sicher, das Leben ist nicht einfach - Luise kann ein Lied davon singen … aber trotzdem: es gibt sie, die glücklichen Momente! Ganz sicher! Für jeden!

Und wie zur Bestätigung kullert just in diesem Moment ein glänzendes Hufeisen aus Luises Rucksack heraus. Luise hebt es auf und betrachtet es voller Intensität. Wie schön es schillert und blinkt. Aber es hat auch verbeulte Stellen und jede Menge Katschen und Schrammen. „Genau wie ich!" durchfährt es sie wie ein Blitz, „ja - genau DAS macht das Leben: Es bringt Katschen und Schrammen, aber auch Schönheit und Strahlkraft. Und wenn eine Stelle total verbeult und verschrammt ist, und wenn dann genau diese Stelle nach eingehender Bearbeitung besonders hell blinkt, dann zeigt das ja nur allzu deutlich, dass selbst Verbeultes auf eine ganz eigene Weise schön werden kann, oder?"

Eifrig kramt Luise in ihrer Tasche nach Papier und Bleistift, um sich schnell ein paar Notizen zu ihren neu gewonnenen Erkenntnissen zu machen.

„Also" sinniert sie weiter „wenn ich mir im Leben eine Beule hole, dann bleibe ich nicht im Gram darüber stecken, sondern ich konzentriere alle meine Kräfte darauf, aus der Beule irgendwie etwas Schönes zu machen … Und wenn ich sie schon nicht ausbeulen kann, dann will ich sie doch wenigstens liebevoll polieren und auf diese Weise den *Schaden* für mich in *Schönheit* wandeln. Ja … und dann will ich die Beule mit ganz besonderer Anmut tragen – schließlich ist sie ja ein Stück von mir!"

Plötzlich muss sie an die Basisstation denken, und das Herz tut ihr richtig weh vor lauter Sehnsucht nach Susanne und Maria und Mutter Anna. „Ach, wie ich sie alle vermisse! Könnte ich doch jetzt bei ihnen sein! Wir würden genüsslich schmatzend Susannes köstlichen Seelentrostkuchen vernaschen, dazu an Marias Kraft spendender Notfallbowle nippen … und dann würden wir uns gegenseitig unsere Beulen zeigen …"

STOPP! Jetzt bloß nicht vor lauter Sehnsucht in einen Unglücksmoment abrutschen … *hätte - wäre - würde* wollte sie doch nicht mehr denken! Nein, sie will ganz im HIER und JETZT sein. Sie nimmt einen tiefen Atemzug und reckt und streckt herzhaft gähnend ihre Glieder, derweil ihre Gedanken weiterhin unbeirrt um die *Beulentheorie* kreisen. „Wenn man so gar keine Beulen hätte … Hm!"

Doc Lucky hatte ihr neben den Glückshufeinsen noch ein paar lose Hufeisennägel mitgegeben, die sie in der Basisstation zu kleinen Schmuckringen verarbeiten wollte - Präsente für die Gäste der nächsten Schatzparty. Die Nägel hatte er zum Schutz in altes Zeitungspapier eingewickelt. Luises Blick fällt auf den zerknitterten Zeitungbogen. *NIE WIEDER FALTEN* verspricht eine fette Überschrift. Darunter in farbigem Kleindruck: *Schönheitskorrekturen: Faltenunterspritzung – Lifting – Fettabsaugung.* Daneben zwei Fotos: vorher – nachher. Interessiert studiert Luise beide Aufnahmen. Das erste Bild zeigt eine etwas mollige Frau mittleren Alters mit Lachfalten und ungebändigter Lockenpracht. Auf dem zweiten Bild ist die gleiche Frau abgebildet, dieses Mal rank und schlank, mit perfekt sitzenden Haaren und komplett faltenfreiem Gesicht. „Wie eine starre Maske" durchfährt es Luise. Ohne Zweifel makellos - aber schrecklich nichtssagend. Die Spuren gelebter Zeit – einfach geglättet und wegoperiert. Das soll schön sein?

Ja, zugegeben: Die Frau sieht auf dem zweiten Foto jünger aus. Aber zusammen mit den Falten wurde ihre einzigartige Ausstrahlung gleich mit beseitigt. „Schade" seufzt Luise mit echtem Bedauern, „so ein lebendiges Gesicht auf Schönheitsnorm zusammengestutzt." Die Falten, die Schrammen, die Beulen – gerade *darin* zeigt sich doch die Einzigartigkeit eines jeden!

Vor ihrem inneren Auge erscheinen lebhafte Bilder von ihren Freunden und von den Menschen, die sie auf ihren Expeditionen kennen gelernt hat. Keiner von ihnen perfekt, alle in irgendeiner Weise vom Leben mit Schrammen und Falten gezeichnet. Und gerade diese von der Gesellschaft so sehr als unliebsam verpönten Zeichen machen doch jeden so ganz und gar unverwechselbar. Allein die Vorstellung davon, dass alle Menschen ihre angeblichen *Unzulänglichkeiten* einfach so wegmachen lassen würden … grässlich, einfach grässlich!!!

Nie zuvor ist es Luise dermaßen klar bewusst geworden, was wahre Schönheit wirklich ausmacht. Was hatten denn all ihre Freunde und Bekannten gemeinsam? Eine positive Einstellung zum Leben, ein aus tiefster Überzeugung und mit unerschütterlichem Urvertrauen gespicktes: *Ja, ich lebe - liebe - wachse - begreife - falle hin - steh' wieder auf - lerne - lebe und liebe immer weiter.* Jede Blessur: Zeugnis einer neuen Lebenserfahrung. In solchen Gesichtern kann man lesen. Sie sind interessant, sie sind spannend, sie sind einmalig, sie leuchten von innen heraus – kurzum: sie sind einfach unwiderstehlich schön!

Luise seufzt behaglich vor sich hin. Gerade hat sie etwas ganz Wichtiges begriffen – und sich so ganz nebenbei mir ihren eigenen Beulen und Speckröllchen ausgesöhnt. Und frohen Herzens notiert sie:

Frische Beulen sind zum Heulen. Doch wenn man sie schön glänzend putzt, dann haben sie noch jedem genutzt. Sie belohnen mit Lebenserfahrung, sie geben Herz und Seele Nahrung. An Erfahrungen reifen heißt Leben begreifen.

Luise überlegt einen kurzen Augenblick, bevor sie sich, mit einem zufriedenen Seufzer, die Quintessenz notiert:

Akzeptiere dich jederzeit so, wie du bist,
dann wirst du wahrlich vom Leben geküsst.

Expedition XI
Entfaltung

Vom Leben geküsst ... bei der Vorstellung entschlüpft Luise ein dicker Seufzer der Erleichterung. Mutig wagt sie in diesem Zustand einen ganz kleinen Blick in ihr inneres Fesselkabinett. Oho – da hat sich ja tatsächlich was verändert! Die Abhängigkeitsfesseln haben sich merklich verdünnisiert, und die Selbstkritikfesseln sind schon ganz blass geworden! „Ha!!! Gefällt euch wohl nicht, mein neuer Selbstakzeptanzschatz" ruft sie kess den Fesseln zu.

Jetzt erst versteht sie, was Franz in Assisi damit gemeint hatte, als er sie fragte, ob sie das wichtigste Gebot vom Junior kennen würde. Wie war das noch... ach ja:

„Du sollst den Herrn, deinen Gott, lieben von ganzem Herzen, mit ganzer Hingabe und mit deinem ganzen Verstand. Das ist das erste und wichtigste Gebot. Ebenso wichtig ist aber das zweite: Liebe deinen Mitmenschen wie dich selbst!"

Genau!

Den Chef lieben, das ist einfach – schließlich ist er ja immer und überall mit dabei und holt einem die heißen Kartoffeln aus dem Feuer, wenn man mal wieder Mist gebaut hat. Jemand anderen lieben, das ist auch einfach … aber sich selbst? Wer liebt sich denn schon selbst mit all seinen Unzulänglichkeiten?

Aber – HALT! Wer definiert denn etwas als *unzulänglich*? Das machen die Menschen doch zum größten Teil selber!

Diese Zeitungsanzeige zum Beispiel: sie suggeriert, dass man mit Speckröllchen und Falten nicht schön genug sei – was für ein Quatsch! Früher galten gerade füllige Menschen als Schönheitsideal. Und in den meisten Ländern werden Menschen mit Falten als lebenserfahrene Ratgeber ganz besonders verehrt. Was ist denn nun richtig?

„Nein-nein-nein" sagt Luise nun laut zu sich selbst, „diese Abhängigkeitsfesseln können mir echt gestohlen bleiben! Immer irgendeinem aufgedrückten Schönheitsideal hinterherhechten … Dann würde ich mich ja NIE liebenswert genug finden. Wer bin ich denn?

Und dann diese blöde Sache mit den Tugenden: immer brav und bescheiden sein, bloß nicht aufmüpfig sein – geschweige denn, egoistisch! Grimmig verzieht Luise das Gesicht. Auf ihren Exkursionen ist sie vielen Menschen begegnet, die sich für andere schonungslos aufgeopfert haben, und sich selbst dabei total vergessen haben. Ja, sicher, es ist schön, für andere da zu sein, sie zu umsorgen und ihnen zu helfen … aber ausschließlich und pausenlos? Da stimmt doch was nicht!

Der Junior hat gesagt: *„Liebe deinen Mitmenschen wie dich selbst"* – wo bleibt denn das SELBST, wenn man immer nur für andere da ist und darüber seine eigenen Bedürfnisse vergisst? Klar, man soll nicht *nur* an sich selber denken, aber: eine *gesunde* Portion Egoismus ist ganz sicher für jedermann lebensnotwendig.

„Naja" denkt Luise schmunzelnd, „wie groß eine *gesunde* Portion Egoismus ist, das ist natürlich Geschmacksache. So manch einer hat sich da echt eine Riesenportion geschnappt. Das ist nicht so angenehm, zumindest dann nicht, wenn es auf Kosten der anderen geschieht. Aber, auf der anderen Seite, das muss man sich fairerweise eingestehen, also auf der anderen Seite ist es auch eine Erinnerung, ja, fast eine mahnende Aufforderung an sich selbst, die eigenen Bedürfnisse klarer wahrzunehmen und bestmöglich auszuleben.

„Hm" grübelt Luise „ich brauche ein gutes Rezept für das richtige Quantum Egoismus." Eine Ladung Himmelsinspiration wäre jetzt hilfreich - der Chef hatte bisher immer die besten Rezepte.

Gesagt, getan. Luise bestellt Kraft ihrer Gedanken ein dickes Paket Hi. Und schon fliegt ihr ein ziemlich zerfleddertes Blatt vor die Füße – scheinbar waren die Druckerpatronen im Himmel mal wieder ausgegangen, so dass ein und derselbe Zettel immer wieder verschickt wurde. „Muss ich wohl abschreiben" murrt Luise leise vor sich hin. Vorsichtig hebt sie das kostbare Blatt auf, glättet sorgsam die Eselsohren, und beginnt zu lesen:

Willst du deine innersten Wünsche erfüllen – dann musst du sie zuvor erst enthüllen. Nimm' dir Zeit und denke an dich – dann kommen deine Wünsche ans Licht. Den wichtigsten Wunsch geh' nun beherzt an – damit deine Seele sich freuen kann. Du brauchst eine Prise Eigenliebe – weil sonst dein Ziel auf der Strecke bliebe. War die Prise nicht groß genug – dann würze nach, aber: sei klug! Tapse nicht in die Skrupellosfalle – würze zum Segen für dich und für alle!

Aha, das ist also das Geheimrezept: gleichermaßen zum Besten für sich selbst und für alle anderen. Kniffelig! Da muss man ja zuerst ein Würzabitur ablegen!

Kopfschüttelnd greift Luise zu ihrem Notizbuch, um das Rezept abzuschreiben. Beim Aufblättern entdeckt sie den Erkenntnisschatzsatz, den sie sich damals bei der Stechpalme notiert hatte:

Lasse ich mich von der Liebe führen,
dann öffnen sich immer die richtigen Türen.

Das ist die perfekte Ergänzung zur Egoismusanleitung! Genau! Die Liebe führt *immer* auf den richtigen Weg, und ganz nebenbei ist sie noch der absolut effektivste Schutz vor Skrupellosfallen.

Jetzt ist Luise ganz aufgeregt. „Das muss ich unbedingt auf der nächsten Schatzparty erzählen" denkt sie freudig. Das mit der Liebe ist einfach der Knaller.

Und das mit dem „*liebe deine Mitmenschen <u>wie dich selbst</u>*" wird sich sicherlich Kraft der Liebe auch mehr und mehr verwirklichen lassen.

Versöhnlich kneift sich Luise noch einmal selbst in ihre Speckröllchen. „Nie wieder will ich über mein Äußeres meckern" beschließt sie mit fester Miene.

Und dann hat sie eine verrückte Idee: Wenn sie wieder zurück in der Basisstation ist, dann wird sie ein rauschendes *BEULENPOLIERFEST* geben. Vor ihrem geistigen Auge sieht sie schon alle Gäste ganz wild und ausgelassen miteinander tanzen:

Lob-Boogy-Woogy statt *Beulen-Blues*!

Jawohl!!!

Expedition XII
Lebensrouten

Geschwind packt Luise ihre Sachen zusammen. Jetzt nichts wie ab nach Hause, es gibt viel zu tun. Sie hat schon wieder so viele Ideen für die Party ... Sie will ein *Politurbuffet* vorbereiten und auf diese Weise ihre neu gewonnenen Schätze appetitlich garniert kredenzen. Sicher würde Susanne ihr dabei helfen, alle Zutaten in der richtigen Menge zu mischen und zu köstlichen Häppchen zu verarbeiten. Jeder Gast könnte dann genau die Politur wählen, die seine Lebenskratzer am besten zur Geltung bringen würde.

„Eigentlich Quatsch" schimpft sie nun laut mit sich selbst „kein Mensch braucht Politur! Wofür denn? Jeder ist doch gut, so wie er ist!"

„Naja" sinniert sie nun im Stillen weiter vor sich hin „stimmt schon: jeder ist gut, so wie er ist, aber nicht jeder *findet* sich gut, so wie er ist – und DAS ist das eigentliche Problem. Die Politur... man braucht sie nicht, um vor *anderen* glänzen zu können, sondern man benötigt sie, um *sich selbst* ganz und gar mit allen Schrammen und Lebenskratzern bejahen zu können! Und just in diesem Moment - so als wolle der Himmel mit all seiner Kraft Luises gerade gewonnene Erkenntnis bestätigen - reißt die dustere Wolkendecke auf, und die Sonne strahlt fröhlich hell in ihrem schönsten Licht.

Versöhnlich blinzelt Luise himmelwärts und ruft laut ein von Herzen kommendes *Dankeschön* in die Luft.

In der Ferne sieht Luise eine Gestalt mit flatterndem Kleid und wehenden Haaren wild gestikulierend auf sich zurennen. Wer kommt denn da so eilig angefegt? Sieht aus wie ... wie... ist das etwa Liberta?

Ja, es ist Liberta!!!

„Hey, was machst du denn hier?" brüllt Luise freudig strahlend in Libertas Richtung. Und dann laufen beide ganz schnell aufeinander zu und fallen sich in die Arme. „Ist das schön, dass du da bist" schnattert Luise gleich los, „ich hab' dir sooo viel zu erzählen. Doch sag', Liberta, wie kommst du denn gerade *jetzt* hierher? Ist es Zufall, oder hast du mich gesucht?"

„Nein, nein" erwidert Liberta grinsend, „Zufall ist es nicht. Ich habe einen Minijob angenommen, ich soll einen Monat lang das *Lenasys* testen und dann einen Bericht darüber schreiben und eine Wertung abgeben und dann..."

„*Lenasys*? Was soll das denn sein?" fällt Luise ihr neugierig ins Wort, „das hab' ich ja noch nie gehört!"

„Kannst du auch noch nichts von gehört haben" lacht Liberta spitzbübisch, „schließlich ist es ja noch gar nicht auf dem Markt – ich soll den Prototyp ja gerade erst testen! Und zum Test habe ich einfach mal deinen Namen als Kurzstreckenziel programmiert."

Dabei zieht sie ein ganz flaches, rechteckiges, Kunststoffkästchen in der Größe einer Visitenkarte aus der Tasche und wedelt damit übermütig vor Luises Nase herum. Geschickt schnappt Luise nach dem Kästchen und betrachtet es eingehend. „Sieht aus wie ein kleiner Minicomputer" denkt sie. Das Kästchen ist ganz schlicht und schmucklos. Auf dem flachen Deckel ist in der Mitte eine kleine Erhöhung, ein angedeuteter Punkt zum Ein- und Ausschalten, und in der rechten Ecke unten ist in schwungvoller, aber kaum sichtbarer Schrift, etwas eingraviert. Luise kneift die Augen zu kleinen Schlitzen zusammen, um den Text besser entziffern zu können. Was steht da?

Lenasys 1 - Lebensnavigationssystem - Basispaket Premiumedition mit Problemkillerfunktion.

„Ein Navigationssystem mit eingebautem Problemkiller? Wow! Das ist ja der Hit! Das will ich auch haben!"

„Langsam, langsam" beschwichtigt Liberta lachend, „das klingt nach mehr als es ist."

„Hm???"

„Nun" erklärt Liberta geduldig weiter, „überleg' doch mal: Ein Lebensnavigationssystem - von ein paar mehr oder weniger *weisen* Persönlichkeiten erdacht - bei der Vielzahl unterschiedlichster Menschen kann das doch niemals für *alle* gleichermaßen zutreffen! Es sind echt gute Programme aufgespielt, keine Frage. Das Navi ist vollgespickt mit klugen Lebensweisheiten zu allen erdenklichen Lebensthemen. Es ist interessant hineinzuhören und zu erfahren, wie andere über bestimmte Situationen denken. Auch die einzelnen Lösungsvorschläge sind in der Tat genial, nur wie man sie letzten Endes auch erfolgreich *durchführen* kann – das verrät einem keiner! Zum Beispiel die Sache mit dem „*loslassen*". Quälende Gedanken, schlechte Gefühle und Verletzungen soll man einfach *loslassen* – tolle Idee! Aber wenn einem keiner verrät, wie das geht, dann fühlt man sich nicht nur schlecht auf Grund des ursprünglichen Problems, sondern man macht sich obendrein noch fertig, weil man zu blöd ist, den Problemkiller richtig anzuwenden."

„Das kann ja so auch nicht funktionieren" unterbricht Luise ihre Freundin nun ganz aufgeregt, „da fehlt ja die wichtigste Komponente!"

„Die wichtigste Komponente? Hm? Was soll das denn nun wieder sein" fragt Liberta verwirrt.

„Ist doch ganz klar" erwidert Luise „die wichtigste Komponente ist eine Prise Himmelsinspiration - und DIE muss jeder selber für sich bestellen. Am besten ordert man direkt beim Chef, der ist und bleibt der Star der Problemkiller. Was der für Lösungsrezepte auf Lager hat… Liberta, ich sage dir: da kann man nur mit den Ohren schlackern. Naja, zugegeben, manchmal ist er ein bisschen schwer zu verstehen, aber das verhindert auf keinen Fall die Lösung des Problems – allenfalls führt es dazu, dass man vielleicht selbst nur mit zeitlicher Verzögerung erkennt, dass das Problem bereits im besten Lösungsprozess ist."

„Das ist aber blöd" konstatiert Liberta grimmig, „gibt's denn keine Übersetzungshilfe für das Chefvokabular? Ein Lexikon vielleicht?"

„Völlig unnötig" erwidert Luise „nein, nein, man braucht ganz sicher kein Lexikon dafür. Ganz abgesehen davon, dass ein solches Lexikon gigantische Ausmaße haben würde, weil der Chef alle Sprachen spricht, um jeden einzelnen von uns ganz persönlich erreichen zu können. Ein Lexikon ist wirklich überhaupt nicht nötig, eine kurze UV Bestrahlung reicht vollkommen aus."

Liberta ist verwirrt. „UV Bestrahlung? UV Strahlen sind doch schädlich, oder?"

„Was, bitte schön, sollte am URVERTRAUEN schädlich sein?" prustet Luise nun lachend hinaus.

„Ach so, UV ist die Abkürzung für Urvertrauen. Das kann man ja nicht ahnen!" sagt Liberta ein bisschen beleidigt. Bisher war _sie_ es immer gewesen, die jeden - ober er nun wollte, oder nicht - mit ihren Wortabkürzungen herausgefordert hatte. Nun war es zum ersten Mal anders herum gewesen, und Luise hatte eindeutig gepunktet.

„Da siehst du mal, wie das ist mit den Abkürzungen, und mit der Verständigung" grinst Luise „Weißt du noch, als du mir damals auf der Schatzparty die beiden Ks als Abkürzung für das Wort „Knebelkabinett" an den Kopf geworfen hast, und ich dachte, KK stehe für „kalter Kaffee"?

Nun muss Liberta auch schmunzeln. „Ja, das war was … Apropos KK: wie steht's denn so damit bei dir? Hast du dich von ein paar Knebeln befreien können? Oder soll ich dir das *Lenasys mit Problemkillerfunktion* mal ausleihen? Vielleicht kommst du ja besser damit klar als ich?!"

„Ich kann ja mal in die Programme reinhören" sagt Luise etwas halbherzig, doch dann hat sie ein tolle Idee: „Liberta, weißt du was? Bevor wir uns ins *Lenasys* vertiefen, nehmen wir beide ein ausgiebiges UV Bad, und dann bastelt sich jede von uns ihren ganz persönlichen *upgrade*. Au ja! Komm! Wir machen aus dem *Lenasys* ein *Hinasys.*"

Jetzt ist Liberta wieder ganz auf Zack. Dieses Mal braucht sie nicht nachzufragen, denn: *Hinasys* - das kann nur eins bedeuten:

HIMMLISCHES NAVIGATIONSSYSTEM!

Expedition XIII
Entspannung

Liberta nestelt ungeduldig an ihrem Kleid herum. „Was machst du denn da" will Luise wissen. Sie haben sich beide eine schöne Lichtung ausgesucht, ein lauschiges Plätzchen, ein wenig ab von der lauten Straße, um möglichst ungestört ihr UV Bad genießen zu können.

„Ich weiß nicht recht" sagt Liberta ein wenig genervt „ich glaube, die UV Strahlen kommen bei mir irgendwie nicht durch den Stoff durch."

„Papperlapapp" erwidert Luise energisch „es ist völlig egal, wie man gekleidet ist – nicht das *äußere*, sondern das *innere Outfit* ist wichtig! Also, wenn du innerlich irgendwie *zugeknöpft* sein solltest, dann machst du es damit dem Urvertrauen mächtig schwer, zu dir durchzudringen."

„Aber ich bin so durcheinander" stöhnt Liberta, „ich kann mich gar nicht richtig auf das UV Bad konzentrieren, tausend Gedanken gehen mir durch den Kopf und plappern wild durcheinander."

Luise schaut sich aufmerksam auf der Lichtung um. Auf ihren Reisen hatte sie einmal einen Naturburschen getroffen, der behauptet hatte, dass jedem, der in irgendeiner Weise Hilfe benötigt, plötzlich genau die Pflanzen auffallen, die ihm bei der Lösung seines Problems am besten weiterhelfen können. War das vielleicht nur eine spinnerte Theorie von einem naturbesessenen Hinterwäldler? Luise denkt an ihre eigenen Erfahrungen zurück. Nein, eigentlich, wenn sie ihre bisherigen Reisen so vor ihrem inneren Auge Revue passieren ließ... also eigentlich war es ihr auf ihren Expeditionen immer ganz genau so ergangen. Und mit einem kleinen Sehnsuchtsseufzer erinnert sie sich voller Liebe an all' die wunderbaren Begegnungen, die sie mit Pflanzen und Bäumen bereits erlebt hatte:

Sie denkt an das Efeu mit seinen wunderschönen Erkenntnisperlen und mit den eigenwilligen Blättern, die ihre Form verändern und von Hilfe in schwierigen Wachstums- und Wandlungsphasen erzählen. Sie denkt an die schwungvoll tanzende Birke, die ihr Frische und Spannkraft gegeben hatte. Sie erinnert sich an ihren Wutausbruch und an die Stechpalme, die mit der Kraft der ihr innewohnenden Liebe alle gefühlsmäßigen Irritationen einfach so aufgelöst hatte. Sie denkt wehmütig an die Buche, die ihr beim Schreiben und bei der Entfaltung der eigenen Möglichkeiten so eine kraftvolle Unterstützung gegeben hatte. Sie denkt an die nach süßem Honig köstlich duftende Linde, die Königin der Liebe, die ihr das Liebesmodul geschenkt hatte. Und sie denkt an das strahlende Johanniskraut mit seiner so wundervoll tröstenden und lichtvollen Energie.

Vielleicht, nein: ganz bestimmt sogar gab es hier auf der Lichtung auch eine perfekte Heilpflanze für Liberta!

„Schau dich mal auf der Lichtung um, Liberta, gibt es hier irgendeine Pflanze, die dir gerade ganz besonders auffällt?"

„Ja, die da drüben! Sieh' mal, was die für viele, schöne Blüten hat. Ganz klein und zart und rosa. Und wie die duften …"

„Die kenn' ich", ruft Luise freudig, „ das ist Baldrian!" Liberta staunt. „Baldrian? Ist das nicht ein Schlafmittel?"

„Oft wird aus der Wurzel der Pflanze eine Medizin erstellt, die als Schlafhilfe eingesetzt wird" erklärt Luise, „aber das ist längst nicht alles – Baldrian kann noch viel mehr! Es ist eine geniale Pflanze, um Spannungen abzuleiten und auf diese Weise die innere Ruhe und Gelassenheit wieder herzustellen. Die vielen, kleinen Blüten stehen symbolisch für all' die vielen, wirren Gedanken, die uns nicht zur Ruhe kommen lassen. Aber, was wir von hier aus nicht sehen können: Im Erdreich hat Baldrian eine gigantisch dicke Wurzel, die fest im Boden verankert ist und für richtig gute Erdung sorgt."

„Volltreffer!" ruft Liberta begeistert aus. „Die vielen kleinen Blüten sind wie meine zahlreichen Gedanken, die mich gerade so sehr nerven und die so wild durcheinander purzeln. Diese Gedankenaktivität geht mir echt ganz schön auf den Wecker. Vielleicht hilft mir die Pflanze ja, wieder mehr in meine Ruhe zu kommen?"

Und schon springt Liberta auf und sucht sich auf der Wiese ein weiches Plätzchen direkt neben einer mächtig großen Baldrianpflanze. Der betörende Duft der Pflanze hüllt sie wohlig ein, und, ehe sie sich versieht, döst sie ganz ruhig und entspannt vor sich hin.

Sie weiß, dass alles gut werden wird, sie weiß, dass sie immer Hilfe bekommen wird, sie weiß, dass sich alles zur rechten Zeit lösen wird, sie weiß, dass der Chef sie alle Zeit schützt und unterstützt... und wohlig seufzend kuschelt sich Liberta mehr und mehr ins Urvertrauen hinein.

Moment mal! Wo kommt das Urvertrauen denn jetzt auf einmal so plötzlich her?

Für einen kleinen Moment ist Liberta wieder hellwach, doch dann gibt sie sich wieder genüsslich seufzend entspannt dem betörenden Duft des Baldrians hin.

Ach ja ...

Baldrian ...

Ach ist das schön, so entspannt zu sein ...

Und beim seligen Wegduseln ist ihr letzter Gedanke: Wer hätte gedacht, dass Pflanzen auch Knöpfe öffnen können?!

Expedition XIV

Akzeptanz

Ahhh… ist das nicht himmlisch? Dieses UV Bad ist echt der Bringer. Luise liegt mit geschlossenen Augen lang ausgestreckt auf der Wiese und seufzt glücklich vor sich hin. Ein kleines Lied, eine Arie aus der Operette *Die Fledermaus* von Johann Strauß, entschlüpft ihren Lippen: *Glücklich ist, wer vergisst, was nicht mehr zu ändern ist...*

Und schon, vom Urvertrauen beschwipst, kommt ihr wieder ein recht waghalsiger Gedanke. „Hey, Liberta, hast du eigentlich schon mal darüber nachgedacht, wie viel besser es uns gehen würde, wenn wir all' die unabänderlichen Dinge, die wir doof finden, einfach so akzeptieren würden, wie sie sind?"

„Hm? Wie soll das denn gehen? Ich glaub', du gehst mal besser ganz schnell aus der Sonne heraus, sonst bekommst du noch einen Sonnenstich!

„Nein, wirklich! Überleg' doch mal: Wenn etwas nicht zu ändern ist, und man trotzdem immer weiter wie wild alles Mögliche versucht, um es zu ändern, dann geht es einem doch unweigerlich mit jedem misslungenen Versuch immer schlechter."

„Witzbold" stöhnt Liberta leicht genervt, „wenn man gar nichts dagegen tut, dann geht es einem doch auch schlecht!"

„Ja, schon" lenkt Luise ein, „aber ich meine ja nicht, man solle *nichts* tun. Ich finde, man soll darauf vertrauen, dass alles - selbst das Doofe - irgendwie einen Sinn hat! Und wenn man <u>den</u> - wenn auch nur ansatzweise - finden würde, dann müsste sich doch das Doofe quasi mehr oder weniger *von selbst* in Wohlgefallen auflösen ..."

Und dann erzählt sie Liberta haarklein die Geschichte von Franz aus Assisi, wie er damals, in dieser für ihn unausweichlichen Situation, den Aussätzigen geküsst hatte, und wie von da an sein Leben eine wundervolle Wendung genommen hatte. Während sie erzählt, kramt sie eifrig in ihrer Tasche und fischt geschickt nach ihrem Reisetagebuch. „Schau mal, Liberta, was ich mir damals dazu notiert habe." Und dann liest sie - jedes Wort gewichtig betonend - vor:

Wenn ein Gericht dir zu bitter schmeckt, dann hast du die Süße darin nicht entdeckt. Wende dich dann direkt an den Chef, der kennt die Rezepte aus dem Effeff. Die fehlenden Zutaten wird er dir bringen – <u>so</u> kann die Speise dir bestens gelingen.

„Nicht schlecht" kommentiert Liberta anerkennend, „gar nicht schlecht ... Das heißt also im Klartext: Nimm alles so an, wie es ist. Wenn dir etwas nicht gefällt, und du es aus eigener Kraft nicht ändern kannst, dann versuche, den versteckten Sinn darin aufzuspüren.

Entdecke das Süße im Bitteren. Wenn du es von alleine nicht aufspüren kannst, dann mach' es zur Chefsache oder wende dich an den Junior. Nimm ein intensives UV Bad, und dann warte ab und vertraue darauf, dass der Chef dich entweder aufklärt, oder aber auf seine unnachahmliche Weise eine Lösung für dich einfädelt."

„Genau!" jubelt Luise, „genau-genau-genau ... das ist doch das perfekte *upgrade*, findest du nicht?"

„Naja" muss Liberta zugeben, „theoretisch schon. Aber praktisch ist das ja nicht ganz so easy!"

„Damit hast du leider Recht" pflichtet Luise ihr kleinlaut bei, „praktisch ist das wirklich nicht leicht!"

Ganz unvermittelt muss sie plötzlich heftig an Maria, ihre Seelenschwester aus der Basisstation, denken. Maria hatte als Kind immer so gerne gepuzzelt, es gab kein Puzzle, welches sie nicht hätte lösen können. Luise hatte sie dafür immer bewundert und sich insgeheim gefragt, wie in aller Welt man nur dermaßen geduldig sein konnte!

„Eigentlich" philosophiert Luise leise murmelnd vor sich hin, „also eigentlich ist das ganze Leben ein großes Puzzlespiel. Man muss schauen, dass man die einzelnen Stücke so zusammenfügt, dass sie am Ende ein Bild ergeben. Tja, und wie beim Puzzeln, so im wirklichen Leben: Manchmal muss man echt lange suchen, bis man die passenden Verbindungen findet! Oft greift man zu Puzzleteilen, die nicht auf Anhieb passen, aber genau diese Teile passen dann an anderer Stelle wiederum perfekt - das Bild könnte niemals komplett werden, wenn auch nur ein einziger Puzzlestein fehlen würde. Blöd dabei ist nur, dass man im richtigen Leben nicht *vorher* weiß, wie das endgültige Motiv eigentlich auszusehen hat!"

„Das Leben ist echt nicht einfach" jammert sie stöhnend zu Liberta gewandt. „Aber, auf der anderen Seite: Wenn alles von Anfang an klar wäre, dann wäre das Leben vielleicht auch irgendwie eher langweilig, meinst du nicht?"

Zugegeben, auf manche Spannungssequenzen hätte Luise nur zu gerne verzichten können, aber alles in allem gesehen war sie doch zu jeder Zeit - ob sie es nun bemerkt hatte, oder auch nicht - vom himmlischen Komitee stets prima durchs Leben geleitet worden.

Luise kramt nach ihrem Schreibzeug, um sich schnell ein paar Notizen zu machen. So ein Mist – jetzt ist ihr doch gerade die Bleistiftspitze abgebrochen! Spontan entschließt sie sich dazu, eine kleine Atemübung zu machen, um ihre neu gewonnene *Akzeptanztheorie* zu verinnerlichen – atmen tut man ja schließlich immer! Sie überlegt sich zwei Worte: eins zum Einatmen, und eins zum Ausatmen:

Einatmen: *er*-fassen
Ausatmen: *los*-lassen

erfassen - loslassen - erfassen – loslassen …
erfassen - loslassen - erfassen – loslassen …
erfassen - loslassen - erfassen – loslassen …

Je länger Luise diese Atemübung praktiziert, desto entspannter wird sie. Und ehe sie es noch selber so richtig mitbekommen kann, ist sie ganz mühelos in einen wohlig tiefen Schlaf geglitten.

Im Traum sitzt sie ratlos vor einem gigantisch großen Puzzlespiel - ein Geschenk vom Chef persönlich! Eine brauchbare Spielanleitung war nicht dabei gewesen, der Chef hatte ihr nur gesagt, dass alle Teile, wenn sie richtig zusammengesetzt würden, ein wunderschönes Bild ergeben würden. Luise fühlt sich überfordert. Wie lassen sich denn bloß all diese vielen, kleinen Teilchen zusammenbringen? Ohne Anleitung ist das doch gar nicht zu schaffen! Mutlos schaut sie auf die wenigen Fragmente, die sie bisher zusammengefügt hat, und rauft sich die Haare. Sie fühlt sich der Aufgabe nicht gewachsen und möchte am liebsten auf der Stelle den ganzen Puzzlekram hinschmeißen. Gut – es ist ein Geschenk vom Chef, und Geschenke sollte man ehren, aber auf der anderen Seite: Was soll man machen, wenn man mit dem Präsent nichts anfangen kann? Sie könnte doch jetzt einfach alle Teilchen zu einem dicken Haufen zusammenfegen und den ganzen Kladderadatsch klammheimlich *entsorgen* … braucht sie dem Chef ja nicht auf die Nase zu binden!

Gedacht – getan. Aber gerade, als sie dabei ist, alle Puzzleteile hektisch zusammen zu raffen, um sie möglichst schnell entsorgen zu können – gerade da klingelt es an ihrer Tür.

Oh! Der Chef persönlich!

Sofort meldet sich ihr schlechtes Gewissen. Wieso kommt der denn gerade *jetzt*, in diesem Augenblick? Unsicher wagt sie einen Blick. Nein, wütend sieht er nicht aus ... eher ... traurig!

„Luise" sagt der Chef milde, und die Traurigkeit in seiner Stimme lässt sie innerlich zusammenzucken, „Luise, willst du wirklich mein Geschenk einfach so mir nichts dir nichts wegwerfen?"

Mist! Wie hat der das denn schon wieder so schnell mitbekommen? Verlegen schaut Luise zur Seite und stottert unbeholfen etwas von *fehlender Spielanleitung - zu viel Arbeit - keinen Spaß* ... Ach! Ist das peinlich!

Wortlos lässt sich der Chef neben den wild aufgetürmten Spielteilchen nieder und fischt mit sicherem Geschick ein paar Teile heraus. „Leg' die doch mal zusammen" fordert er Luise auf, „danach kannst du immer noch überlegen, ob du alles wegschmeißen willst."

Also gut! Ein letzter Versuch! Diese paar Teilchen sind ja nun wirklich überschaubar. Konzentriert betrachtet Luise jedes einzeln für sich. Eigentlich gar nicht so schwer: Man muss nur die Formen genau studieren und so aneinander legen, dass sie miteinander einen Verbund bilden. Stück für Stück legt sie die Teile nun zusammen, bis sie erstaunt erkennt, dass *tatsächlich* daraus mehr und mehr ein Bild entsteht. Und dieses Bild ... Nein! Das kann doch gar nicht möglich sein! Dieses Bild - das sieht ja genauso aus wie ... wie ... Das gibt's doch nicht!!!

„Na, Luise, kannst du dich auf dem Bild denn schon erkennen?" lächelt der Chef. Und dann erklärt er Luise ausführlich, dass jeder Mensch bei seiner Geburt ein maßgeschneidertes *SVP* mitbringt.

Ein *SVP?* Nie gehört! Fängt der jetzt wieder mit seinem Chefvokabular an? Das versteht doch kein Mensch!

„Das *SVP*, also das *Selbstverwirklichungspuzzle* ist etwas absolut einzigartiges" erklärt der Chef nun weiter. „Du wirst dich vielleicht nicht mehr daran erinnern, Luise, aber auch bei dir ist es damals, als du auf die Erde gekommen bist, genauso gewesen. Von jeder Seele, die das Leben auf der Erde kennen lernen möchte, wird in Absprache mit eben *dieser* Seele in der himmlischen Lebensplanmanufaktur ein Portrait gefertigt. Dieses Portrait wird maßstabgetreu auf Pappe aufgezogen, und sodann mit äußerster Sorgfalt zu einem Puzzlespiel verarbeitet. Zur Geburt bekommt der Mensch das *SVP* dann als Lebensleitfaden geschenkt."

Gebannt hat Luise zugehört. „Schön und gut" denkt sie sich, aber: „Wofür das alles? Kann man denn nicht einfach ohne dieses *SVP* leben? Dann hätte man sich doch eine Menge Arbeit erspart!"

„…und man hätte glatt vergessen, wofür man überhaupt auf die Erde gekommen ist" ergänzt der Chef lachend.

„Na, das kann mir aber mit dem *SVP* ganz genauso passieren" meckert Luise leicht empört. „Was soll das überhaupt mit dem Puzzle? Du könntest ja zur

Geburt netterweise das Portrait auch als *komplettes Bild* verschenken - und nicht dermaßen blöd zerlegt!

„Theoretisch schon" gibt der Chef zu, aber: Wer würde sich auf all die vielen Lebenserfahrungen einlassen, wenn er bei Geburt schon sein Lebensziel erreicht hätte?"

„Du meinst also, wenn man das Portrait bei Geburt direkt *komplett* in den Händen hätte, dann würde man sich um die einzelnen Erfahrungen drücken, die man zu durchlaufen hat, um sich selbst zu erkennen?"

Schon während Luise die Frage formuliert, weiß sie die Antwort. Wer wäre denn schon von Natur aus so verrückt, die Lektionen des Lebens - vor allem die Schmerzhaften! - freiwillig zu durchwandern, wenn man auch so, also ganz ohne diese Plackerei, ans Ziel gelangen könnte? Wenn sie da so an ihre eigenen Spannungssequenzen denkt - zum Beispiel dieses mühevolle Aufdröseln ihrer inneren Knebel... Nein, nie im Leben hätte sie sich freiwillig da ran begeben! Doch auf der anderen Seite – das musste sie ehrlich zugeben – also auf der anderen Seite fühlte sie sich gerade durch die schwierigen Situationen, die sie hatte meistern können, ganz besonders reich beschenkt.

„Und es gibt wirklich keinen einfacheren Weg" fragt sie noch einmal zaghaft nach. Manchmal hat sie echt die Nase voll von schwierigen Situationen!

Der Chef lacht herzhaft. „Aber, Luise! Du hast dir das alles doch selber so ausgesucht! Und dann ergänzt er mit zärtlich weicher Stimme: „Schau', Luise, du bist nicht allein! Du kannst dir doch ganz leicht zu jeder Zeit eine Ladung Hi bestellen - die Himmelsinspiration wird dich in jeder Situation unterstützen und dich <u>immer</u> zum passenden Puzzleteil führen. Und außerdem, meine Liebe: Ich bin ja auch noch da!

Und dann schenkt er Luise zum guten Schluss doch noch eine Art *Anleitung zum Lebenspuzzle*, indem er ihr liebevoll zuraunt:

**Gehe beherzt auf's Leben zu,
was herauskommt - das bist DU!**

Expedition XV

Potenziale

Oh ... was für ein schöner Traum! So ist das also mit dem Leben - einfach drauf zugehen und schauen, was sich daraus ergibt. Spannend ist das! Richtig aufregend!

Wohlig gähnend räkelt sich Luise aus dem Traumland heraus zurück ins Leben und beschließt sogleich, ein neues Abenteuer zu wagen - schließlich will sie ja ihr *Selbstverwirklichungspuzzle* so schön zusammensetzen, wie sie es im Traum gesehen hat. Sie möchte eine neue Erfahrung machen, denn durch ihren Traum weiß sie ja jetzt ganz sicher: Jedes Stückchen Lebenserfahrung ist gleichzeitig auch ein wichtiges Puzzleteil zu ihrem Lebensportrait. Also: Auf geht's!

Hallo Welt! Hallo Leben! Hallo Abenteuer!

Haaallooo!!!

Hier bin ich!

Luise kommt nicht in die Gänge. Sie braucht unbedingt eine Starthilfe. Vielleicht gibt es ja hier irgendwo am Rande der Lichtung eine Birke, an deren Stamm sie sich mit neuer Schwungkraft aufladen könnte ...

Hm ... keine Birke in Sicht. Mist!

Und jetzt?

Suchend wandern ihre Augen die Lichtung ab. Sie entdeckt viele schöne Bäume, aber welche Baumkraft ihr jetzt eine zündende Starthilfe geben könnte, das weiß sie nicht. Ob Liberta eine gute Idee dazu hat?

Oh! Liberta liegt immer noch neben der duftenden Baldrianpflanze und genießt selig schlummernd das neu entdeckte Urvertrauen. Träge schließt auch Luise wieder ihre Augen und hofft auf eine innerliche Inspiration. Verwundert stellt sie fest, dass sich bei geschlossenen Augen ihr Gehör auf magische Weise drastisch zu verschärfen scheint - oder hatten die Vögel vorhin auch schon dermaßen laut gezwitschert? Neugierig blickt Luise in die Richtung, aus der das lustige Gezwitscher kommt – und entdeckt eine bunte Vogelschar, die sich an einem großen Baum mit prallroten Beeren zu schaffen macht.

Vogelhochzeit mit kaltem Buffet? Das muss sie sich aus der Nähe ansehen! Ganz vorsichtig und leise pirscht sie sich näher heran und beobachtet fasziniert, wie die Vögel weiterhin völlig unbeirrt eine Beere nach der anderen wegknabbern. War das hier vielleicht das ersehnte himmlische Zeichen in puncto Starthilfe? Sollte sie gleichfalls von diesen herrlich roten Beeren naschen? Die sehen ja echt lecker aus …

HALT! STOPP! NUR FÜR VÖGEL!

„Oh! Pardon! Ich wollte nicht stören" entschuldigt sich Luise zerknirscht.

„Schon gut" beschwichtigt die Eberesche nun in einem sanfteren Ton, „Ich wollte ja, dass du zu mir kommst! Aber meine Beeren darfst du nicht einfach so essen – ungekocht sind sie für Menschen nicht gut verträglich.

Luise hat sich wieder etwas gefasst. Beim Anblick der leuchtend roten Beeren läuft ihr zwar immer noch das Wasser im Munde zusammen, aber bei dieser Warnung lässt sie doch besser die Finger davon. „Wieso wolltest du denn, dass ich zu dir komme?" fragt sie verwirrt nach „ich kenne dich doch gar nicht!"

„Aber du wolltest mich doch kennen lernen" grinst die Eberesche gutmütig zurück. „Oder hattest du eben in deinen Gedanken etwa keine Starthilfe für neue Unternehmungen bestellt?"

„Du kannst mir Starthilfe geben?" fragt Luise verdattert. Bist du denn eine Schwester von der Birke? Ihr seht euch aber gar nicht ähnlich!

„Nein, nein" lacht die Eberesche „mit der Birke bin ich nicht verwandt. Aber wir haben beide ein ausgesprochen zündendes Energiepotential in puncto Spannkraft. Ich habe mich darauf spezialisiert, Vitalität für neue Herausforderungen zu aktivieren. Ich schüre das innere Feuer für eine starke Antriebskraft und ermutige dazu, immer wieder neue Erfahrungen zu machen und unbekannte Lebensbereiche zu erkunden."

Ach so! Deshalb also diese vielen, knallroten Beeren. Das sind lauter energiegeladene Signalkugeln!

„Du kannst von meinen roten Beeren ernten und daraus zu Hause eine köstliche Marmelade kochen" ergreift die Eberesche wieder das Wort. „Ungekocht würde ich dir meine Beeren nicht empfehlen, weil sie einen recht hohen Parasorbinsäuregehalt haben - der ist für Menschenmägen nicht besonders verträglich. Beim Kochen allerdings wird diese Säure in gut verträgliche Sorbinsäure umgewandelt. Meine Beeren schmecken besonders gut, wenn sie zu Konfitüre oder Gelee verarbeitet werden. Oder du nimmst dir einfach ein paar frische Blätter mit und kochst daraus zu Hause einen leckeren, hochgradig Vitamin C haltigen Tee.

Ein Tee aus meinen Blättern ist nämlich nicht nur wohlschmeckend, sondern in seiner Wirkung auch überaus heilsam bei vielen körperlichen Beschwerden, wie zum Beispiel bei Husten und Bronchitis, bei Leber- und Gallenproblemen, bei Verdauungsbeschwerden, und, und, und …"

„Du bist ja ein echter Zauberbaum" staunt Luise und bedankt sich für das freigiebige Angebot. Nein, pflücken will sie im Moment nichts – sie will die Vogelhochzeit nicht stören. Für ihr jetziges Anliegen ist das auch gar nicht nötig, denn die zündende Kraft der Beeren ist auch als *visueller Reiz* bereits absolut anregend. Schon das intensive Betrachten der Früchte reicht aus, um die eigene innere Spannkraft wieder ein Stück zu stärken und die Lebensfreude anzufachen.

Am liebsten würde Luise gleich losgehen in ein neues, spannendes Abenteuer. Sie wirft einen Blick auf Liberta, die immer noch selig vor sich hin schlummert. Liberta scheint gerade einen schönen Traum zu haben, denn plötzlich murmelt sie im Schlaf ganz leise vor sich hin:

**Bin ich auch nicht ganz perfekt,
ich sehe nun, was in mir steckt.**

Luise wird nachdenklich. Schlagartig wird ihr klar, dass dies mit Sicherheit das allergrößte Abenteuer sein muss: die Entdeckung der Schätze, die in einem *selber* stecken!

„Mal schauen, was so alles in mir steckt" denkt sie voller Neugier, und schon greift sie zu ihrem Notizbuch und fängt eifrig an zu schreiben.

Also: *Ich bin eine gute Schatzsucherin... Besonders gut kann ich ...* Hm? Nein, so funktioniert das nicht! Wie macht man das denn: *Sehen, was in einem steckt!*

Ob sie mal einen Optiker aufsuchen sollte? Brauchte sie vielleicht eine Sehhilfe?

Plötzlich hat Luise ein ganz mulmiges Gefühl. Vorsichtig wagt sie einen Blick in ihr inneres Knebelkabinett – und wird von einer fetten Fessel dreist angegrinst. Meine Güte! Ist die dick! Das darf doch nicht wahr sein!

„Ich bin dein Selbstwertvertilger" stellt sich die dicke Fessel polternd vor. „Anfangs habe ich um meine Existenz gebangt, als ich gesehen habe, mit was für einem großen Potential an Gaben und Talenten du auf die Welt gekommen bist. Aber dann konnte ich doch recht schnell entspannt aufatmen, als ich gemerkt habe, dass du deine eigenen Gaben und Talente so wenig selbst erkennst. Du hast es mir wirklich leicht gemacht, stark zu werden. Ich brauchte mir noch nicht einmal die Mühe zu machen, deine Gaben und Talente in Schach zu halten – das hast du mit deiner Ignoranz deinen Gaben und Talenten gegenüber schon perfekt selber erledigt."

Luise ist ganz kleinlaut geworden. Zerknirscht muss sie sich eingestehen, dass der Selbstwertvertilger Recht hat: Alles, was sie bisher gemacht hatte, war für sie immer irgendwie selbstverständlich gewesen - die dahinter stehenden Gaben und Talente hatte sie nicht erkannt - geschweige denn gewürdigt. Kein Wunder also, dass in ihrem Inneren der Selbstwertvertilger dermaßen fett hatte werden können!

SO NICHT!

„Hey", wendet sie sich mit entschlossener Stimme an die dicke Fessel „ab heute ist für dich Diät angesagt!"

Noch grinst der Selbstwertvertilger siegessicher. Aber dann, als er hört, wie innig sich Luise bei ihren Gaben und Talenten für die bisherige Ignoranz entschuldigt, da erkennt die dicke Fessel seufzend, dass jetzt wohl unabwendbar magere Zeiten für sie anbrechen werden.

Luise hingegen fühlt sich auf eine ganz seltsame Weise wunderbar kribbelig belebt. Ihr ist so, als würden ihre Gaben und Talente fröhlich und ausgelassen Purzelbäume schlagen. Liebevoll bedankt sich Luise bei allen Gaben, die sie in ihrem Inneren auf Anhieb entdecken kann - allen voran bei der „*Ich-pack's-an" Gabe*, die ihr anstandslos die Kraft für alle bisherigen Unternehmungen gegeben hatte. Aber auch *Mitgefühl, Phantasie, Kreativität, Vertrauen, Zuverlässigkeit, Mut, Durchhaltevermögen, Begeisterungsfähigkeit, Humor* ... sie alle haben Luises Dank verdient.

„Jetzt weiß ich, was ich mache" denkt Luise beglückt, „Ich werde allen Talenten und Gaben, die in meinem Inneren sind und zu mir gehören, die Ehre erweisen.

Jawohl!

Diese Arbeit verlangt eine ganz besonders kostbare Überschrift. Wie wäre es zum Beispiel mit dem Titel: *Huldigung an alle meine Gaben und Talente*? Hm, klingt irgendwie komisch ... Doch dann meldet sich grinsend ihr *Humor* zu Wort und schlägt ihr eine leicht abgeänderte französische Variante vor. Naja, warum eigentlich nicht - das ist ja viel klangvoller! Und übermütig notiert Luise die Überschrift:

HOMMAGE à MOI

Oho!

Eine Provokation an ihren Verstand! Ja, fast schon eine Art Kriegserklärung! Und schon muss sie sich innerlich die heftigsten Schimpfkanonaden anhören ...

„*Eingebildetes Frauenzimmer*" gehört da noch zu den harmlosen Betitelungen.

Aber Luise lässt sich dieses Mal nicht einschüchtern. Sicher, der Verstand ist stark – aber die Seele ist stärker! Und außerdem: Wie, bitte schön, soll man Liebe und Mitgefühl in die Welt bringen, wenn man diese Gaben zuvor nicht in sich *selbst* entdeckt hat? Unweigerlich muss Luise an die Linde denken, und es wird ihr ganz warm ums Herz. Die Linde hätte ihre Liebesmodule auch nicht verschenken können, wenn sie sich nicht zuvor *selbst* als *Baum der Liebe* erkannt hätte. Also! Einbildung hin oder her: Talente und Gaben sind schließlich ein Geschenk vom Chef persönlich und haben Anerkennung und Würdigung verdient!

Puh! Die Aufgabe ist nicht ohne!

Hätte Luise auf der Welt ein führendes Amt inne, dann würde sie jetzt die folgende Lebensparole ausgeben:

Talente und Gaben sind kostbare Dinge - damit das Leben durch sie gut gelinge. Will man sich große Ziele stecken - dann muss man zuvor die Talente entdecken. Tief in sich drin kann man sie finden – mit ihnen lässt sich das Leben ergründen.

Luise überlegt einen Augenblick. Welche Gabe soll sie als erstes ehren? Natürlich: die Gabe, lieben zu können! Jeder hat sie, jeder braucht sie. Liebe zu verschenken, das ist das <u>Allerschönste</u> auf der Welt! Ja, und Liebe geschenkt zu bekommen ... hm - das tut sooo gut!

Als erstes sei die Liebe geehrt, denn sie macht das Leben lebenswert. Die Liebe heilt alles, das ist gewiss! Alles ist gut, wo Liebe fließt!

Die Liebe, die Liebe ...

Auch Franz hatte damals, auf ihrer gemeinsamen Wanderung nach Assisi, unentwegt von der Kraft der Liebe erzählt. Und der Chef erst mal! Der ist ja der absolute Liebesexperte! Egal, was man anstellt, egal, wie viel Mist man im Leben verzapft – er liebt einen trotzdem! Immer! Ja, er liebt einen sogar dann noch, wenn man gerade dabei ist, sein Lebenspuzzle heimlich zu entsorgen!

Luise seufzt selig vor sich hin. Das Gefühl, dermaßen *uneingeschränkt* geliebt zu werden, das ist wirklich der Oberhammer! Ganz, ganz fest nimmt sie sich vor, dieses Gefühl zu hegen und zu pflegen - zum einen als Kraftquelle für sich selbst, und zum anderen als Gabe an jedermann!

Ach! Apropos Gabe: besonders weit ist sie ja noch nicht gekommen mit ihrer Huldigungsliste an ihre Gaben und Talente! Das Gefühl der uneingeschränkten Liebe - das ist einfach zu schön! Wohlig gähnend räkelt Luise ihre Glieder und entschließt sich dazu, diesem Gefühl der Liebe noch ein ganz klein wenig nachzuspüren, bevor sie ihre Liste vervollständigen wird.

Nur ein wenig duseln … nur ein paar Minuten …

Ist es ein Traum, oder ist es Realität? Verwirrt schaut Luise sich um. Sie befindet sich auf einer saftig grünen, sonnendurchfluteten Lichtung und wird von unzählig vielen Augenpaaren fröhlich angestrahlt. Es dauert einen kleinen Moment, bis sie sich in der Situation zurechtfindet und erkennt, dass jedes Augenpaar zu einem Talent bzw. zu einer Gabe gehört.

„Wieso strahlt ihr denn so schön?" fragt sie etwas verunsichert in die Gruppe hinein.

„Wir strahlen so, weil du uns endlich gefunden hast" rufen die Talente und die Gaben wohlwollend im Chor. Und dann sieht Luise in der Mitte der Versammlung plötzlich ein ganz helles Licht. Was ist denn das? Wie magisch fühlt sie sich von diesem hellen Licht angezogen, und dann erkennt sie mit einem Schlag: Es ist der Junior!

Luises Herz klopft zum Zerspringen. Der Junior! Wow! Echt! Der Junior! Bei mir! Was mach' ich jetzt nur? Soll ich ihn ansprechen? Sie zögert. Doch dann sieht sie, dass der Junior ihr liebevoll einladend seine Hände entgegenstreckt. Mit samtweicher Stimme sagt er zu ihr:

„Luise, komm ... ich begleite dich nach Hause."

Lächelnd kommt er auf sie zu und nimmt ihre Hand. Oh - tut das gut! Keine Frage - sie will mit ihm gehen! Franz hatte den Junior als Quelle der Weisheit und Liebe beschrieben – und Weisheit und Liebe sind doch die wundervollsten Schätze überhaupt!

Luise lässt sich nicht lange bitten. Mit dem Junior ihre eigene Seelenlandschaft zu durchwandern - das ist der absolute Megaschatz! Sie kann ihr Glück kaum fassen, zumal sie weiß, dass der Junior immer jede Menge zu tun hat - schließlich ist er ja für alle Menschen gleichermaßen da. Aber jetzt, in diesem Augenblick, da ist er ganz und gar für sie da.

Schnell schreibt sie eine kleine Notiz an Liberta, die immer noch selig vor sich hinschlummert. „Sehe dich auf der nächsten Schatzparty. Es gibt viel zu erzählen." Und dann schleicht sie sich glücklich von der Wiese.

Diesen Weg mit dem Junior, den will sie ganz ungestört alleine mit ihm gehen! Was er ihr wohl erzählen wird?

Nachwort

Die Wanderung mit dem Junior hat Luise dermaßen mit glücklichen Erkenntnissen erfüllt, dass sie sich dazu entschlossen hat, die Inhalte nicht in diesem Reiseführer zu veröffentlichen, sondern hierüber ein ganz eigenes Buch zu schreiben.

Ja! So wird sie es machen!

Vielleicht fände sich ja zu diesem neuen Projekt ein netter kleiner himmlischer Ghostwriter ein?

Luise gibt die Hoffnung nicht auf.

Und während sie ungeduldig auf einen Higo wartet, nutzt sie die Zeit, um die Schätze aus ihren bisherigen Expeditionen zu wertvollen Kraftstoffen zu verarbeiten, die sie in einer „Seelentankstelle" anbieten möchte.

Soweit – so gut.

Ach nein! Halt! Jetzt hätte sie in der Aufregung fast etwas ganz Wichtiges vergessen:

Als Megastar in der Schatzsucherszene hat Luise natürlich auch eine eigene Website!

Unter der Adresse:

http://luise-im-glueck.jimdo.com

kann jeder, der möchte, mit ihr Kontakt aufnehmen und an der *Luise-Internet-Schatzparty* teilnehmen.

Luise liebt es, ihre Schätze mit anderen zu teilen und Erfahrungen auszutauschen. Wer also Lust und Zeit hat, der ist herzlich eingeladen. Vielleicht ergäbe sich ja das ein oder andere beschwingte Internet Tänzchen? Der *Lob-Boogy-Woogy* ist gar nicht so schwer …

Luise seufzt wohlig entspannt. Was sich wohl durch die Veröffentlichung ihres Reiseführers noch so alles ergeben wird? Sie ist neugierig und voller Vorfreude.

Bei der endgültigen Fertigstellung ihres Reiseführers war sie doch so manches Mal recht unsicher gewesen. Doch der Junior hatte alle ihre Bedenken auf seine liebevolle Weise restlos aufgelöst, indem er ihr ganz einfach gesagt hatte:

Lasse dich stets von der Liebe leiten – dann eröffnen sich dir alle Möglichkeiten. Schreibe dein Buch aus dem Herzen heraus – dann findet es leicht in die Welt hinaus. Stelle mit Gottvertrauen die Weichen – dann wirst du viele Herzen erreichen.

Na dann …

Zum guten Schluss - aus dem Herzen heraus - noch eine kleine Parole von Luise an alle Schatzsucher:

Auf - Auf !!!

Oder - wie sagt der Chef so schön:

**Gehe beherzt auf's Leben zu,
was herauskommt - das bist DU!**

Gruß und Kuss von Luise an alle!

Anhang I: Seelentankstelle

Kraftstoffe mit Angaben zu Wirkung und Konsequenz:

Baldrianpflanze   Spannungsableitung
<u>Konsequenz:</u>
Ruhe und Gelassenheit

Birke   Schwung, Kraft, Frische
<u>Konsequenz:</u>
ausgelassenes Tanzen

Buche   Potentiale erkennen & ausleben
<u>Konsequenz:</u>
Entfaltung

Eberesche   Antriebskraft & Initiative
<u>Konsequenz:</u>
Begeisterung

Efeu   Wachstums & Entwicklungshilfe
<u>Konsequenz:</u>
Eigenständigkeit

Egoismus   Antriebskraft für Entfaltung
<u>Konsequenz:</u>
Selbstverwirklichung

FF Kordel   Knebelkabinettkiller
<u>Konsequenz:</u>
liebevolle Selbstakzeptanz

Johanniskraut	Stimmungsaufhellung Konsequenz: grundlose gute Laune
Lebensrezept	Bitteres zu Süßem verarbeiten Konsequenz: neue Wege
Linde	Liebe & Liebeskummerlinderung Konsequenz: Liebe & Vergebung
Rescuetropfen	1. Hilfe Tropfen von Dr. Bach Konsequenz: Gelassenheit
Stechpalme	innere Balance Gefühlschaosbesänftigung Konsequenz: herzliche Gelassenheit
Terminfasten	Zeit für die eigene Seele Konsequenz: innere Stimme hören
Urvertrauen	Sicherheit auf allen Wegen Konsequenz: unerschütterliche Sorglosigkeit
Vergebung	Freiheit durch Liebe Konsequenz: Seelenfrieden

Anhang II: Wortschatz

Namen und Begriffe in alphabetischer Reihenfolge:

Burn-out-Medaille:	Auszeichnung für Workaholics
Chef:	Gott
FF:	Fesselfrei
Franz:	Heiliger Franziskus von Assisi
Hi:	Himmelsinspiration
Higo:	Himmlischer Ghostwriter
Himmlisches Callcenter:	Beschwerdeannahmestelle
ISDL:	Im Schoße der Liebe
Junior:	Jesus Christus
KK:	Knebelkabinett
Lenasys:	Lebensnavigationssystem
Lob-Boogie-Woogie:	Gesellschaftstanz
SVP:	Selbstverwirklichungspuzzle
UV:	Urvertrauen
Verstrickungsalphabet:	Innere Fesseln von A-Z
Wolke 7:	Himmel

Literaturliste:

Bodo, Murray
Der Traum des Franziskus

Brunnen Verlag
Hoffnung für alle – die Bibel

Gehlen, Sabine
Zwischen Himmel und Erde
Vom Leben berührt
Seelenkonfekt

Hesse, Hermann
Bäume

Kalbermatten, Roger
Wesen und Signatur der Heilpflanzen

Karrer, Otto
Franz von Assisi – Legenden und Laude

Knauss, Harald
Die Botschaft der Bäume

Rinser, Luise
Bruder Feuer

Über die Autorin:

Sabine Gehlen, Jahrgang 1958, ist Autorin und Heilpraktikerin in eigener Praxis. Ihre Hauptaufgabe sieht sie darin, Menschen dabei anzuleiten und zu unterstützen, sich selbst zu helfen. Als gläubige Christin bezieht sie ihre Inspiration für ihre tägliche Arbeit aus der Quelle Gottes. Mit Liebe und Einfühlungsvermögen arbeitet sie mit den Betroffenen gemeinsam an individuellen Lösungskonzepten für ein Leben in Gesundheit und Wohlbefinden.

http://sabinegehlen.jimdo.com
www.naturheilpraxis-gehlen.de

Bücher von Sabine Gehlen:

Vom Leben berührt
Glücklich sein im Hier und Jetzt
ISBN: 978-3-8482-1204-0

Glücklich sein im Hier und Jetzt – keine leichte Angelegenheit! Sorgen und Probleme lassen oft nicht mehr genügend Raum für Glück und ungezügelte Lebensfreude. Und doch liegt gerade in Krisen ein großes Potential, verborgene Fähigkeiten in sich selbst zu entdecken und das Leben in einer neuen Sicht zu sehen. Das Buch lädt dazu ein, persönliche Erfahrungen und Empfindungen zu reflektieren, um in schwierigen Situationen versteckte Möglichkeiten aufzuspüren. Wie das am besten gelingt? Durch eine veränderte Betrachtungsweise! Die aufgeführten Gedanken, Gedichte und Berichte inspirieren dazu, sich den Herausforderungen des Lebens mutig und vertrauensvoll zu stellen und in scheinbar ausweglosen Situationen lösende, Heil bringende Perspektiven zu entdecken. Lassen Sie sich berühren: vom Leben - von der Liebe - von Gott.

Zwischen Himmel und Erde
und immer neuen Möglichkeiten ...
ISBN: 978-3-8423-3815-9

Ein Buch, das Mut machen möchte, der inneren Stimme zu folgen und so den ganz persönlichen Lebensplan zu erkennen und zu verwirklichen. Ein Buch, um die eigene innere Melodie der Seele aufzuspüren und zum Klingen zu bringen mit Hilfe des besten Konzertmeisters aller Zeiten: mit Gott. In 12 Kapiteln werden essentielle Lebensthemen beleuchtet. Es geht um die bewusste Gestaltung der eigenen Lebenszeit, es geht um Wertigkeiten, um Entwicklungsmöglichkeiten, um die Kraft der Liebe, um Vergebung, um Kommunikation und um die Freisetzung der eigenen Schaffenskräfte. Der zweite Teil des Buches ist ein Übungsteil mit positiven Formeln für das Unterbewusstsein. Autosuggestionssätze laden dazu ein, direkt mit der Programmierung des Unterbewusstseins zu beginnen und durch tägliche Übungen innerlich die Tür zu öffnen für immer neue Möglichkeiten...

Sabine Gehlen: Seelenkonfekt
Gebete und Texte der Zuversicht
ISBN: 978-3-8482-2633-7

Seelenkonfekt – Gedichte und Affirmationen, die Herz und Seele berühren. Schlagen Sie willkürlich eine Seite auf und greifen Sie in die Bonboniere der Seelensprüche. Genießen Sie den Augenblick der Besinnung, den Sie auf diese Weise intuitiv gewählt haben. Die Pralinen sind einzeln verpackt, verzehren Sie genüsslich jeden Tag eine. Bibelzitate sind die Inspirationsquelle für das Konfekt, welches aus Hoffnung, Liebe und Frieden besteht, aber auch aus Bitterstoffen wie Mutlosigkeit und Verzweiflung. Gebete und Texte der Zuversicht laden dazu ein, in Gottes Liebe aufzutanken. Seelenkonfekt, das ist Poesie für Herz und Seele, zubereitet mit Liebe und Gottvertrauen.